你看了，
但你没看见

[日] 新井直之 著

陈美瑛 译

北京联合出版公司
Beijing United Publishing Co.,Ltd.

看而未见·看而已见

——重新审视我们的工作

作为一个刚刚参加工作的职场新人或者已经工作了一段时间的职场老将，你是否经常为工作中的遗漏而感到懊恼？是否常常为自己工作能力进步缓慢而着急？又是否为数次抓不住摆在自己身边的机会而心焦？那么又是什么原因让我们疏忽了这些问题，错过了发展的机遇呢？可能是我们在一些基本的观察分析能力上有待提高。只有解决这个问题，我们才能够发现工作的不足，抓住更多的机会，成就自己的事业。

《你看了，但你没看见》这本书将给你上一堂不一样的职场体验课程，它将教会你工作中最基本的能力，从整体上提升你的工作能力，从而出色地完成工作。通常来说职场类的书总是会苦口婆心地向我们传授一些职场经验，告诉我们应该怎样在职场打拼。或者为我们讲述一些成功人士的故事，激发我们奋斗的动力。抑或是给我们提供一些方案，让我们按部就班地操作。而这本书则教给我们如何做一个有心人，如何养成敏锐的观察能力、缜密的分析能力，成为一个应对自如的职场达人。

正如本书的书名一样，**你看了，但你没看见**。在工作中我们都要接触一些人和事，但不同的是，一样的接触，有的人可以从中获取大量的信息，做出预判，从而有利于自己的工作和生活；而有的人则对这些视若无睹，当你提醒并启发他的时候，他才会注意到这些事物以及背后蕴含的丰富信息。那么怎么样才能获取这些信息，把它变成工作中的铺路石呢？这也就是本书要着重介绍的。

本书的作者是来自日本的新井直之，他本人就有很强的预判能力。在书中，他围绕如何锻炼我们的观察分析能力进行了解答。他为我们提供了很多具体的场景，通过对具体场景的讲解为我们提供了训练提高观察、分析、预判等能力的方法。这些场景都是我们日常工作中最常见的。但大部分时候我们只是"看"了这些场景，而没有真正"看见"它们。

通过对本书的阅读，你将会有耳目一新的感觉，重新认识这些工作中的场景，由此得到一个整体的思维，那就是时刻观察、仔细分析、做出假设。由此及彼，你也可以举一反三，将它扩展到工作生活的方方面面，通过实际的演练，全方位提升自己的观察、分析能力；练就坚实的职场基本功，为以后在职场上的腾飞做好准备。同时，我们在原稿的基础上增加了一部分相关的知识，为大家提供更好的阅读体验。

他山之石，可以攻玉。希望本书可以给刚刚参加工作的年轻人或者已经在职场打拼多年的奋斗者带来帮助。为你们的工作提供一个新的视角，让你们的工作更顺利，取得事业上的进步。

编者

2016 年 5 月

与他人见面数秒之内就知道对方脑中想什么，一次洽谈就知道案子会不会顺利进行，你身边是否有这种人存在？

接待世界级贵宾必须具备观察技巧

我目前担任日本 Butler（管家）& Concierge（礼宾服务）株式会社负责人，本公司的业务是为世界级的贵宾与名人提供执事[注]服务。由于本公司的服务深受社会各界好评，因此只要是与执事题材相关的电视剧或电影，都会委托我担任专业执事的指导。

本公司的客户都是一些认为得到最高等级的服务是理所当然的人。因此一般的服务水平无法满足他们的需求，他们要的是"最高等级的执事服务"。

各位知道提供最高等级的服务时，最重要的是什么吗？是举止有礼，还是心思细腻？答案都不是，最重要的就是每个执事的"观察技巧"。

所谓观察技巧，就是在对方开口说话之前，就先察觉对方

注：〝执事〞一词为日文，原意有高级管家的意思，中文通常译为〝管家〞。

内心的需求并付诸行动，也就是闻一而知十，并提供满意度百分百的服务。还有，执事必须能够事先观察到意外状况，并且毫不延误地排除意外状况，及时完成工作。

办事能力强的人观察力也好

举例来说，主管加班到半夜十二点时告诉你："莫斯科的客户明天会来日本，对方希望我们帮他准备从东京飞大阪的机票。"若是一般人，可能只会依照主管的指示订机票。

不过，具备观察力的人不一样。首先，他会先"观察"下指令的主管。

在跨日期的时间点上提到"明天"时，一般都是看着时钟或日历说出日期或星期。

如果观察的结果发现对方没有做出这项动作，就要注意"主管做出指示时，可能不知道目前的时间点"，自己就要主动说出具体的日期向主管确认，这样就能够预防机票日期出错。

另外，东京有羽田与成田两个机场。如果查询后就会知道，从莫斯科出发的航班多半会降落在成田机场，"分析"出客户搭乘的班机极可能会抵达成田机场，并与主管确认。

然后，假如客户的班机预计抵达成田机场的话，接下来的航线安排不是成田—羽田—大阪伊丹，而是直接从成田到大阪伊丹机场比较方便。建立这样的"假设"并提出建议。

同时还要事先查询客户预计抵达日本那天的天气状况。如果天气状况恶劣，还要预订新干线的车票。

更进一步"分析"出客户特地拜托日本这边帮忙订票，表示这位客户来日本的次数可能不多，所以"假设"客户搭新干线前往大阪时，看到象征日本的富士山会很开心，所以安排方便看到富士山的座位。

把练习观察化为习惯很重要

有人认为观察力是与生俱来的能力。其实只要努力学习，任何人都能够学会这项技巧，像我自己本身就是后天才学会说话技巧的。

我从自己的经验归纳出若想学会观察技巧，则必须具备"观察力""分析力""假设力"等三种能力。

关于这三种能力我将会在序章详细说明。如果能够培养这三项能力，你将成为善于观察的"成功者"。

本书将透过日常生活中经常遇到的情况，介绍培养这三项能力的练习方法。

不过，练习时千万要注意一点，那就是只练习一次是不会看出结果的。请务必明白，将此行为转化为习惯之后，才能够学会这项技巧。

如果能够帮助各位将本书的练习方法转化为习惯，学会观察技巧，更进一步成为"成功者"的话，自是我的荣幸。

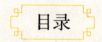

目录

序 章

本书的使用说明书
——何谓"观察力""分析力""假设力"

第1章

在公司内部锻炼"观察力"

第2章

在公司外锻炼"观察力"

第 3 章

在外出地点锻炼"观察力"

第 4 章

在家中锻炼"观察力"

序 章

本书的使用说明书

——何谓"观察力""分析力""假设力"

引言

· · · · · · ·

为什么观察对方的
心情或想法 = 敏锐的"直觉"

这三十年来我除了自己的本职工作，也负责培训新人。另外，还担任本书的解说员。首先，让我来说明何谓"观察力"吧。

我今年二十二岁，今年开始参加工作，是职场菜鸟。不懂的事情还很多，希望与各位一起学习。请多多指教。

观察力是敏锐的"直觉"

本书将说明如何培养在对方开口之前，就已经观察到对方的心情与想法，并马上做出应对的能力。

进入实际的练习介绍之前，让我先说明何谓"观察力"吧。

观察力就是敏锐的"直觉"。"直觉"敏锐的人由于能够预先处理事情，所以会被身边的人视为具有办事能力的人。

那么，所谓的"直觉"到底是什么呢？

女性的"直觉"是观察的利器

提到"直觉"，大家都会说女性的"直觉"最敏锐。那么，为什么女性会拥有敏锐的"直觉"呢？其实那是因为女性观察细微。

女性会清楚地看到男性没有察觉到的细微之处，这是因为女性本身比较讲究细节的缘故。

举例来说，女性会仔细地修剪指甲，选择搭配服装的耳环等，讲究种种细节。

由于女性的观察力优于男性，所以她们不会忽略微小的变化。这也就是为什么男人在外面偷腥，经常会被发现的缘故。

感受到对方的念头或想法，就是观察力

若想要培养敏锐的"直觉"，就必须训练三种能力，分别是"观察力""分析力""假设力"。

首先是观察力。这与前面提到的女性"直觉"是一样的，也就是察觉细微变化的能力，感受到对方不经意散发出来的信息

或主张。

举例来说，通过对方的行为、表情、服装或随身物品等，读取对方在不自觉中散发的信息或主张，或是经由握手时微妙的力道变化与对方的说话方式等，感受到与平常不同的变化，等等。

脑中经常提醒自己："这是不是有什么含意？"同时要观察对方，如此才能够培养观察力。

例如，与你见面的客户今天系什么颜色的领带，我想事后能够回想起来的人应该少之又少吧。

就像这样，若不想模糊地面对对方的话，对事物赋予意义就很重要了。

也就是说，如果为事物赋予意义，事先在脑中输入"领带的颜色与对方的性格有关"的定义，大脑就会主动注意领带颜色并下指令让眼睛观察，自然就会记住领带的颜色。

定义输入脑中的事物，请先使用本书介绍的案例练习看看，习惯之后再自己尝试延伸应用。例如领带的颜色有意义的话，表示衣服的颜色可能也有意义吧？

习惯延伸应用之后，就请为每件事物都赋予意义吧。这么一来，脑中各种定义的抽屉就会越来越多。定义的抽屉越来越多，就代表你的观察力越来越强。

分析力也能够通过定义事物得到锻炼

分析力就是观察定义后所获得的想法，或是整理事物，有系统地思考、归纳等能力。

分析力是通过经验而得的。只是，分析力与观察力一样，如果面对事物时抱着含糊的心态，那么就算经历过也不具任何意义。

重点在于经历各项事物时，要以"任何事物的发生都有其理由"为前提来思考。分析力与观察力一样，要习惯为任何事物定义。

透过这样的做法，脑中各种定义的抽屉就会越来越多。

假设力是预测未来的能力

最后的假设力就是利用观察、分析所搜集到的信息或想法，来预测未来的能力。由于是利用观察、分析的结果来预测，所以有确实的依据。

假设力也称为"预测力"。若是一般人，就算预测也只是领先一步而已，而具有假设力的人则可以领先三四步。

例如，当你与客户约在外面会合时，就需要运用强大的假设力。

假设三天后的下午四点，你要从东京到九州岛的福冈去迎接客户。这种时候绝对不允许迟到。因此这时候要预设最坏的状况并且建立假设。"由于飞机经常误点，所以搭新干线好了"，"不过，有时候也会遇到交通事故导致电车停驶，还是先把车子准备好，必要时开车过去"，甚至"万一发生无论如何都无法过去的情况，就请其他的同事随时待命"。

随着经验的累积，假设力可以预测好几步之后的状况。如果一开始就以这种高度的预测力为目标，很容易遭遇挫折，所以最开始只要能够考虑一两步之后的情况就可以了。

第一步就是先阅读本书，养成建立假设的习惯。接着不断重复练习，直到具有初步的假设能力，然后才有可能培养出观察力。

接下来，我将介绍具体的练习方法。

还有，在每个单元的首页中，我都会标明此单元有助于培养"观察力""分析力""假设力"中的哪种能力。

如果下定决心"一定要培养××能力"的话，那么就请参考标记，选择适当的练习项目吧！

第1章

在公司内部锻炼
"观察力"

从皮包、名片夹与文具判断对方对于工作的自豪程度

工作上使用的物品,只要能够完成工作不就好了吗?

这很像背帆布包上班的你才会讲的话。这样的行为就像是向大家宣告,你对于自己的工作一点都不感到骄傲。

外人目光所及之处是否用心

从合作对象所持的皮包、名片夹与文具，就能够看出这个人对于自己的工作的自豪程度。

皮包、名片夹与文具是经常会被外人看到的物品。对工作感到自豪的人应该会非常重视这些用品。

总之，对于使用物品的讲究程度，呈现了这个人对于自己工作的自豪程度。

是否选择符合 TPO（Time 时间、Place 地点、Occasion 场合）原则的物品

那么，使用什么东西表示自豪程度高，使用什么东西又表示自豪程度低呢？

简单说就是是否是"经过选择的东西"。绝对不是使用昂贵的东西就好，而是从对方使用的东西是否符合场合，来衡量此人对于工作的自豪程度。

举例来说，明明可能会签订重要的合约，身上却只带着在活动中拿到的圆珠笔赠品；或是要拿名片给客户时，不是从名片夹中取名片，而是从皮夹中拿出名片。不得不说这种人对于工作的自豪程度很低。

对于工作的人来说随身携带的物品不一定越贵越好。这里需要注意，只要随身携带的物品和自己出席的场合、时间、地点相配就可以。和自身相协调的、能让人感受到自己诚意的就是最合适的。

相反的，根据 TPO 原则来选择符合自己风格的物品的人，他们对于工作的自豪程度较高。

以我的工作为例，要随时记得携带高品质的文具。由于经常会代替客户撰写书信或填写文件等，这时候使用高品质的文具，自然就会帮客户注意书写内容。

透过这样的做法，希望客户至少能够感受到我们的敬业程度。

真正的名人不拿皮包

名人们都非常在意会被旁人看到的各项随身物品的质量。

例如，就算是在快递单上签名所使用的圆珠笔，他们也会使用具有质感的。

名人们对于皮包也很讲究。女性多半会使用名牌包；男性的话，特别是职场上使用的皮包，大多会讲究功能性。

不过真正的名人经常会带着随身秘书，所以我们也会看到他们两手空空不拿东西的情况。

作者的
自言自语

仔细观察对方的随身物品可以推测出很多信息，比如这个人对于工作的自豪程度等。所以在一定程度上讲，从一个人使用的随身物品的品质也可以推测一个人的工作、生活态度。

真正的名人是不拿皮包等物品的

观察力 锻炼方式·实践的重点

培养观察对方随身物品的习惯

我在这里举出以皮包、名片夹、文具等物品作为观察对象。不过这三项物品充其量只是代表性的物品而已。如果对方是业务员，就要观察他的鞋子；若是修理工人，就要观察他的工具，等等。总之，就是仔细观察对方使用的物品。

还有，培养观察的习惯非常重要。

不只是工作方面，例如在饭店登记住宿时，观察柜台上放置的文具是否讲究；签订保险文件时，观察保险员使用什么样的文具等，各种场合都可以观察。

在这里提出一个建议。讲究随身物品的人，多半也会观察对方所使用的物品。也就是说，要记得观察者本身也是别人的观察对象，所以在某种程度上也要打理好自己的随身物品。

锻炼方式·实践的重点
透过讲究程度而非价格高低来分析自豪度

从对方的随身物品来分析其对于工作的自豪度时，判断的重点应该是讲究程度，而非价格高低。

就算不是高价物品，如果对方是以自己在意的标准来选用的话，也等于是他对于工作的自豪呈现。

锻炼分析力时要注意一点，那就是不同的工作领域或门类，讲究的方面也会不一样。

以文具用品为例，担任执事工作的人，通常会使用看起来简洁稳重的文具用品。

不过，若是从事创意工作的人，可能就会使用颜色鲜艳或是具有新奇造型的文具用品来引人注意。

因此，根据工作的领域或门类不同，讲究的方面也会不一样，以此为前提进行分析非常重要。

恕我冒昧来为各位做个总结

一边考虑对方的职业门类，一边观察对方对于工作的自豪程度与随身物品的相关性

观察对方的随身物品与对于工作的自豪程度。习惯比较这两者的关系，将能够锻炼你的观察力。同时，对于随身物品的讲究，会因工作领域或门类的不同而产生差异，这点也要纳入考虑范围。

必须看清楚对方有多讲究随身物品，而不是使用多昂贵的东西。

对于随身物品越讲究，工作的自豪程度也就越高吧？

场景 **002** 通过预约见面的
日期与时间锻炼

 观察力　 分析力

通过预约见面的日期与时间
推测对方的重视程度

			日		
1 一	（空）		8 日	（空）	
2 一	13:30	A公司	9 一	13:30	F先生
3 三	16:00	N先生	10 二	13:30	Y先生
4 四	（空）		11 四	13:30	B公司
5 五	（空）		12 五	（空）	

这好像占卜啊，就好像周一是你的认真日一样。

稍微动一下脑筋好吗？如果思考星期几与时段所代表的意义，即便是你这样的人，答案也可能会自动显现。

预订周一或周五见面代表对方是认真的

撇开纯粹"只剩下这几天还没填满"的情况，与合作客户预约见面时，从对方指定的日期与时段，就可以看出对方的认真程度。

首先是关于星期几的决定。

在周末休假的情况下，如果对方预订周一或周五，表示对方认为这次见面相当重要。周一人处在精神、体力都非常充足的状态；周五则是隔天休假，可以不用在意后面的时段安排，慢慢进行会谈即可。

其次是时段。

基本上，约见面都是以上午十点，下午一点、三点、五点等作为时段安排。

若是约十点，表示对方在此之前没有其他约会，所以能够准时开始。

如果是下午一点，由于是中午休息时间结束后的时段，也可以准时开始。

下午三点到五点的约会有两小时的充裕时间可以利用。

下午五点以后见面的好处是，不用在意后面的时间。如果双方谈得很热络，也不用担心时间的问题而非得结束会议不可。

周一和周五这两天确实是比较重要的时间呢，那么想一想我们在和客户见面的时候有没有这样去安排呢？对于时段的选择又是否合适呢？这些方法不仅可以使用，同时也可以用来检验自己有没有做到。

约 13：30 的时段证明对方不重视这次约会

反过来说，如果是不符合以上条件的预约时间，可以判断对方不是认真的。也就是说，如果对方预约周二、三、四这几天，表示对方认为这次见面不是太重要。

以私人时间来类比或许比较容易明白。例如，与重要的人约会一定是希望两人能够悠闲度过，所以比起一星期的中间几天，重要约会通常都会定在周五这一天吧。

另一方面，如果不是想积极参与的聚会，定在一星期的中间日子，就可以借口"明天一早有工作"而提早离席。

关于时段也是同样的逻辑。

十一点的约会到中午十二点，只有一小时的时间可用；下午四点到下班时间的五点也一样，只有一个小时。由此可以看出对方对于这个约会不是非常认真看待。另外，×点三十分的时间安排，可能表示对方认为这次见面可有可无。总之，约在这样的时间就等于表明只想见你三十分钟。

特别是下午一点三十分的时间，极可能是对方想悠闲地享用午餐而定出的时间；也可能是为了避免迟到，所以特意安排一个不前不后的时间。不过，大体上对方还是认为这是一个可有可无的会面。

作者的自言自语

选择合适的时间来和客户见面很重要，同样我们去见客户的时候也可以从对方选择的会面时间推测对方的诚意。如果是很仓促的时间，比如下午一点半这样的时间，那就要考虑一下对方的诚意了。

根据对方安排约会的时间选择合作公司

我的一位客户是某家公司的经营者，他确实是根据对方安排约会的时间来评断对方的重视程度。

比如，他打算从三家公司中挑选一家来合作事业，他请这三家公司安排一两个月后没有安排其他约会的时间见面。他出给了周一、周二与周三这三天时间，请对方选择。

通过这样的方式，他认为选择周一见面的公司是经过认真思考的，适合合作，于是决定选择这家公司。

他也特别重视周五这一天。

"星期五这一天不只是因为明天放假心情较为轻松，也是大部分的人希望尽量早点回家的日子。但是不顾自己心情的放松而特意约在这天，可见对方非常重视这次的会面。"

另外，他对于时段的挑选也有自己的见解。

"如果希望仔细思考、充分讨论，就要尽量定在下午，可以的话最好是三点以后。"这是因为上午的时段需要处理前一天的遗留工作与各项工作的联络。

实际上，优秀的业务员都希望把约会定在傍晚。另外，保险员都希望客户能够慢慢地听自己解说，所以通常也会避免把约会定在上午的时段。

观察力 锻炼方式 · 实践的重点
提供不同的日子与时段让对方选择

安排约会时，你会不会随便定一天呢？若是这样的话，就请修正为以下的方式吧！

提出周一或周五与同星期的其他日子，然后留意对方会如何选择。

时段也分为上午，下午一点、四点等各选项，详细观察对方的决定。

锻炼方式·实践的重点

试着推测对方是否重视这次约会

若对方选择周一或周五，可以推测对方重视这个约会；若选择周二、三、四，则推测对方不重视这次约会。

时段方面，如果对方选择上午十点，下午一点、三点、五点，表示重视；除此以外的时间或挑选不前不后的时间，则可以推测对方并不特别重视这次的会面。借着见面的机会观察对方的态度，来确认自己的推测是否准确吧。

恕我冒昧来为各位做个总结

提出不同时段的选项，
通过选择推测对方的重视程度

安排约会时，不是笼统地询问对方"哪一天可以呢"，而应该习惯地提出不同日子的不同时段让对方选择。这样做才能够训练观察力。

这样啊！原来就是比较约见的日子及时段，然后与洽谈的结果进行验证。

没错。不过也要记得，如果对方是大忙人，这样的验证可能就会失效。

观察力　　分析力

从电子邮件的签名栏
看出对方的自尊心高低

在电子邮件的签名栏中写满地址、电话等信息，这样对方不就马上可以知道所有信息了吗？

你这样做不仅失礼，而且也是非常肤浅的想法。如果是观察入微的人，透过签名栏，对方的性格就完全暴露了。

你的电子邮件签名栏是否会加上职位

从电子邮件的遣词用字，隐约可以看出发件人的性格。不过，邮件结束部分的签名，也一样能看出发件人的个性。

从来不曾注意这件事的人，请务必回头看看以前工作上往来的信件。

若是重新查看也看不出所以然的话，就让我来告诉各位吧！透过签名栏来查看的重点，就是看签名栏中是否加上了职位等头衔。

拘泥职位＝自我表现的象征

第一次发送邮件时，由于对方不知我方的职位，所以加上职位等以示通知，这是可以理解的。

不过，一般的邮件不是都寄给见过面的人吗？对于已经见过面、交换过名片、有一面之缘的人，在信件结束部分的签名栏特地加上自己的职位，这种做法完全没有意义。

那么，为什么要特意加上自己的职位呢？

这种做法只是为了让对方知道自己的职位有多高。简而言之，就是自我表现的手段。

作者的
自言自语

仔细想一想的话，确实存在这样的可能性啊。明明传送邮件的双方都知道对方的职位，在邮件里通过签名档再去强调一遍，确实是一种自我表现的手段呢。从正反两个方面来说这样做都有一定的道理，总之它体现出一个人强烈的自我表现欲。

真正的名人反而隐藏自己的职位

另一方面，真正的富豪、真正身份地位高的人士，反而会尽量隐瞒自己的身份。这是因为他们十分明白暴露自己身份的风险。

名人们不知道自己曾在什么时候招惹他人。例如，假设是拥有连锁店的公司老板，公司新开的店导致当地的商店关门大吉，受到影响的店家可能因此对这家公司的老板怀恨在心。

因此，名人经常要求我们一定要注意，千万别泄露他们的身份地位。

例如上下车时，如果司机打算开车门，客人自己会立刻制止并由自己开门。车子抵达饭店等目的地时，他们也会指示我们不要到门口迎接。

就像这样，真正的名人会非常小心地避免泄露身份。因此，他们不可能会特意在邮件的签名栏中写上自己的头衔。另外，知名大企业的老板中，有人不见得会使用自己公司的名片，而是使用自己主持的公益团体或个人公司的名片。

执事的自言自语

有的人会向别人展示自己的身份；而有的人则会低调行事，隐藏自己的身份。比如在富商里面，有些富豪除了经营自己的公司，不怎么会参加社会活动，这样外界也一般不会知道他们的存在，从而使得自己的生活不被外界打扰。

人在哪里啊?

名人平时是非常朴素的

观察力 锻炼方式·实践的重点
确认签名栏里是否有职位或秘书的联络方式

　　首先要确认对方的邮件签名是否有职位。若有职位名称，请看其内容。

　　企业高管寄来的电子邮件中，是否加上"总经理""CEO""Vice President"（副总裁）等职位？

　　这就是观察重点之一。

　　另一个观察重点就是签名栏里是否有秘书的联络方式。我将会在下一段的"分析力锻炼方式·实践的重点"中详细说明。这里只要先记得，如果有秘书的联络方式，就要用心对待。

　　如果工作上不太需要与各式各样的人往来，就请看他的微博等社交网站。就算是以个人交流为主的社交网站，也有特意填

上自己公司职位的人。对于这种人，"社会地位这么高，还愿意
与我交朋友，真是谢谢啊"，请抱着这样的态度应对吧。

锻炼方式·实践的重点
如果是 CEO，就抱持着最高的敬意应对

首先，如果邮件的签名栏加了职位，可以充分显示对方具
有强烈的自我表现欲。

其次，签名栏中加上 CEO 或销售经理等职位时，就要思考
对方的公司规模。

假如是大规模的外商企业，冠上 CEO 的职位是非常自然的。
但是如果公司只与国内客户交易，而且员工只有数人，这样的公
司老板冠上 CEO 的职位，更容易让对方感觉这种人很难应付吧。
销售经理这种看不出到底有多重要的职位也是同样的意思。

还有，明明就是一人公司，却还要冠上 CEO 的职位，表示
这种人拥有极为强烈的自我表现欲，与这种人相处必须小心。

签名栏里加上秘书的姓名与联络方式时，表示我方要提高
谨慎度。因为这个信息透露出"你不要直接与我联络，请通过秘
书安排"。对于这样的人物就必须抱持最高的敬意对待才行。

知识补充·电子邮件的详细知识

对于邮件的签名档我们可以进行以上的观察分析锻炼。而
对于职场中的人来说，要写好一封电子邮件需要掌握很多知识，
注意相关细节才可以。所以我们还需要掌握关于电子邮件的更为
全面的知识。

能否发送一封格式正确的电子邮件，对于一个职场人来说十分重要，因为很多细节都会体现一个人的性格和工作的态度。职场邮件最重要的是恰当的表达，它能帮助你快速融入职场。所以我们将不只从签名档来进行一些分析和锻炼，接下来就给大家详细讲解关于收发邮件的知识。

写邮件要有正确的格式，一封邮件应该具备的格式一般有以下几项。

标题：要有一个简要的标题，让收件人明确邮件的主要内容是关于哪一方面的，比如某某活动策划、年度工作总结，等等。

称呼：在电子邮件中要注意使用礼貌用语，例如，某某，您好！

正文：正文就是邮件的主要内容了，是对标题的详细说明，应该注重内容的条理，最好分几点列出，关键内容要加粗。

结尾：邮件的结尾对内容进行总结并给收件人美好的祝福，例如，祝好！祝工作顺利！等等。

落款：就是发件人和发送邮件的日期，这个较为简单。

签名：邮件签名可以让收信人了解你的职位和联系方式。我们这一节开始的图所展示的就是邮件的签名。

在使用附件的时候要注意给附件命名，方便收件人查收。下文我将详细讲解关于附件应该注意的问题。

除了邮件的格式之外，还有一些收发邮件应注意的问题。下面，我为大家详细讲解一下。

邮件的字体和字号要合适，一般来说字体选用宋体或新宋体，字号选用五号或者十号。因为这是经过证明的最适合电脑阅读的字体和字号。需要注意的是，不要使用背景信纸，特别是公务邮件，背景信纸会显得很不正式。

在写邮件的时候要确立邮件的语气。工作邮件要用问候语开头，用感谢语结束。这样会给整封邮件营造出一个良好的交流氛围。

工作邮件中要避免绝对化的表达，要尽可能避免使用"不可以""没有可能"等词语，也不要在邮件中涉及对公司的看法和同事的隐私等内容：职场如同战场，一定要远离这些话题。

在工作邮件中要使用书面语，避免口语化的文字，也要避免表情符号和网络语言的使用。要注意标点符号、语法、拼写的正确。你可以想象一下，假如你收到了一封带有错别字和表达混乱的邮件是什么样的感受。所以要时刻牢记：工作电子邮件也要遵守传统书信的书写规范。最后在邮件发送之前，要反复检查几遍，看是否有语法和拼写错误，是否准确表达了你真正的想法。只有在确定这些错误都没有之后才可以发送。

发邮件时，收件人的排序应该按照级别的高低进行排列。级别高的要排在前面，级别低的放在后面。对于同级别的人可以按照姓氏的首字母进行排列。因为按一定的顺序排列会让别人对你有一个好的印象。

正确使用发送、抄送、密送：在发送邮件的时候要正确区分这三者的对象。发送是将邮件发送给收件人，收件人要对这封邮件做出回应。而抄送则是将邮件发给收件人的同时抄送栏里的人也会收到邮件，抄送的对象并没有回复邮件的义务。当然，如果抄送人有建议的话也可以进行回复。密送则是除了发送给收件人也同时发送给密送栏里的人，但是收件人并不知道你发送给了密送栏里的人。

发送和抄送各收件人的顺序也要注意。比如按部门排列、按职位等级从高到低或者从低到高都可以，时刻注意细节有助于提升别人对你的印象。

发送邮件时抄送的原则：日常工作的邮件要抄送给直接领导；跨部门的邮件沟通要抄送给本部门领导；多方沟通交流的工作邮件，要把邮件发给每一个工作人员。

抄送的必要性：邮件的抄送十分重要，因为在比较大的企业里，很多时候需要各部门协作，这当中最重要的就是保持信息传达的及时性。如果没有及时抄送，大家就不知道事情进展如何，这样会对工作造成一定的负面影响。很多新员工不敢把邮件抄送给领导，其实这是错误的。抄送是一种积极的反馈，只有领导知道你在做什么，了解了事情的进展，才会在你遇到困难的时候回复你。

附件的格式：很多时候在发送的邮件里会添加附件让收件人阅读，同时方便别人下载保存。一个好的附件格式，会让人很容易明白附件的内容，让人感到很舒服。反之，一个不好的附件格式则会造成工作上的小麻烦，让人感觉不好。

首先，假如邮件里面带有附件，应该在正文中提示收件人注意查看。附件应该进行命名，体现附件的内容，这样收件人能很方便地了解附件，也便于管理。当邮件中带有多个附件的时候，应该在正文中进行简要说明。

一般来说，附件的数目不要超过四个，数目较多时应该压缩成一个文件。如果附件是特殊格式的文件，需要在正文中说明打开的方式，避免影响收件人阅读。如果使用邮箱中的"超大附件"功能，应当提醒收件人及时查收并下载附件，因为超大附件是有保存期限的。

使用邮件的回复功能：这是一个大家很容易忽视的细节。不仅是职场新人，即使是工作了两年以上的人也未必清楚它的意义。我们在收到邮件后，总是新建一封邮件进行答复，这样就没有了上封邮件的内容，在多次的沟通之后，可能对方就忘记你在说什么事情了。这样就影响了沟通的效率。

收到邮件后要及时回复，而且不得少于十个字。要进行有针对性的回复。当邮件中有需要回答的问题时，要把问题抄到回件中，然后附上解答。最好使用加粗字体或者不同颜色的文字。

如果邮件往来中对同一个问题多次回复讨论，说明对于该问题交流不畅，应该及时进行电话沟通。

要养成发邮件的习惯。在企业中每天都要发送大量的邮件来进行沟通。作为企业的管理层，每天可能要收到大量的邮件，可以说发邮件已经成为企业里沟通交流的习惯。所以作为一名职场人，不会发邮件可能会让你很难和同事进行交流。大家都有自己的工作要做，特别是你的领导，可能每天和你面对面沟通的时候很少。如果你不发邮件及时汇报工作，会让领导觉得你整天没有事情做。所以一定要养成发邮件的习惯。

总体上说，发送邮件的问题本质上是一个"沟通"的问题。一位企业管理大师说过，企业中 90% 的工作都是在沟通。而且绝大部分的工作问题都是由于缺乏沟通造成的。所以通过邮件来沟通也是一件十分重要的事情。那么掌握上面的知识来进行实际的应用吧。你现在的改变将会使你成为明日的职场新星！

恕我冒昧来为各位做个总结

了解签名栏发出 "我很伟大" 的讯息， 然后思考应对方式

首先，如果邮件的签名栏加上了职位，就要知道对方可能具有难缠的性格。由于较难取悦，所以必须更用心思考应对方式。若能够做到这些，就能够锻炼你的综合观察力了。

如果在签名栏加上职位，那一般就是"要注意"的意思吧。

针对这类人士，把自己置于比常人所认知的还要高的地位，若不想被讨厌，抱持着恭敬的态度应对非常重要。

观察力

分析力

从名片内容
看出对工作的责任感

名片上的信息大致上不是都一样吗?

因为你毫不在意地看名片,所以就会忽略许多信息。
如果仔细观察,就会了解对方或对方公司更深入的
部分。

有责任感的人会写上手机号码

名片上是否出现某项信息，可以看出此人对于工作的责任感。

此项信息就是手机号码。

通常，名片上会印出自己的姓名、公司名称、公司地址与电话、职称以及电子邮箱等信息。

基本上有这些信息就已足够，那么为什么还要加上手机号码呢？

首先，这是一种责任感的表现，宣告"我不会躲避客户""我会随时应对"。

其次，这也是通知对方，自己不仅在上班时间，连休假日也会处理公事，充分呈现自己负责任的态度。

大部分开个人工作室的人都会在名片上加上手机号码、私人电子邮箱。

相反的，名片没有印上手机号码的人，表示不想在私人时间处理公事，是公私分明的人，因为"受不了在下班时间或休息日还要谈公事"。

如果是公司的制式名片就不在讨论之列，如果是个人可以决定名片内容的情况，就可以以此为标准，判断此人对于工作是否有责任感。

名人不会在自己的名片中加入无谓的信息。名片一旦交给别人后就与自己无关。由于不知道名片会被如何使用，所以名人们会非常注意不泄漏太多个人信息，免得招致不必要的风险。

透过名片也能知道公司的立场与主张

如果名片的格式是由公司决定，看到名片就可以大致了解该公司的政策，或是对于客户的态度。

有的公司会印上环保标志，借以宣扬公司"认真面对环境问题"的主张。也有热衷于买卖的公司会印上自家的品牌名称或商品名称作为广告宣传。不过，在这里特别要注意的是没有信息的情况。

例如，如果联络电话只印公司的总机号码，表示公司重视公司员工更胜于客户。

因为若是客户打了投诉电话或做出无理要求时，总机就可以把这样的电话挡下来。

典型的例子就是大型金融机构。如果实际打了名片上印的电话号码，别说是分公司了，有时候甚至是接到客服专线之类的全国性电话号码。

像这样的情况，很难想象若想找到名片上的人，不知得经过几道关卡呢。

作者的
自言自语

名片上出现的每项信息都可以促使我们去思考，比如上文中所说的，是否有自己的手机号码和私人电子邮箱。通过上面的信息就可以看出一个人对工作的重视程度。同时在制作自己名片的时候也要注意这些问题。

也有人把名片当成推销用的广告

与名人做生意，名片上一定要有手机号码

很多名人不会亲自去店里购物，多半是叫卖家带商品来家里展示。

这些以富豪为交易对象的卖家们无一例外，名片上都会印有个人的手机号码、电子邮箱，甚至是自家的电话号码。

"有任何问题的话，我马上赶过去。" "若有不清楚的地方，就算周末假日也请不要客气，尽管打电话联系。" 像这样边说边递出名片。许多人会因让对方看到自己这样的态度而获得名人们的信赖，生意自然就能做得长久。

锻炼方式·实践的重点
确认写在名片上的信息与没写在名片上的信息

收到名片时，要习惯确认写在名片上的信息与没写在名片上的信息。

是否有手机号码？电子邮箱是私人邮箱吗？公司电话号码是总机还是个人座机号码等，这些都要一一确认。

分析力 锻炼方式·实践的重点
从名片信息分析对方或是对方公司的立场

个人决定名片内容的情况可以看出个人的态度，若是公司的制式名片，则能够分析出公司的立场或政策。

例如，联系电话只有公司的号码的话，则能够推测该公司重视自己的员工或公司超过客户。

如果名片上印有个人的座机号码甚至手机号码，则可以判断对方或公司对于这项工作具有责任感。

另外，观察名片上是否着力于广告宣传，使用什么样的材质等，都能够了解该公司的现状。

知识补充·出示名片的礼节

除了以上应该注意观察的地方，我们还需要掌握一些在交换名片时应该注意的问题。这不仅可以用来观察别人的举止，也可以规范自己的行为。

在交换名片时要注意：名片要放置于自己最容易拿出的地方。如果穿西装，应该把名片放置在左上方的口袋；如果有手提包的话，可以放到包内伸手可得的位置。另外要注意的是不要把别人的名片与自己的名片混在一起；不然的话，一旦出现慌乱的情况，容易把他人的名片当作自己的给对方，这是非常糟糕的。

出示名片的顺序：一般来说是地位低的人先向地位高的人递名片。男性先向女性递名片。当对方是多人的情况下，应该先将名片递给职务高的或者年龄较大的人，或者按照远近的顺序依次发名片。不要交叉进行。

出示名片的礼节：递送名片的时候要面带微笑，稍微欠身注视对方，双手的拇指和食指分别拿住名片上端的两角递给对方。名片应该正对着对方。如果是坐着的话应该起身递送名片。递送的时候可以说一些客套话，比如"这是我的名片，请多关照"。出示名片的时候还要把握好时机。初次见面，自我介绍或者别人介绍的时候可以出示名片，当双方都有建立联系的意愿的时候也可以出示名片。当双方告辞的时候可以顺手取出自己的名片递给对方，这样还可以加深对方的印象。

接受名片：接受对方的名片时应该尽快起身，面带微笑，用双手的拇指和食指接住名片的下方两角，态度也要毕恭毕敬，使对方感到你对名片很感兴趣。接到名片的时候要认真地看一下，可以说"谢谢"等等。然后郑重地放入自己的口袋或者名片夹里面。千万不要接过名片之后一眼也不看就随手放一边，也不要在手中来回玩弄，更不可以在手中搓来搓去，这样显得不尊重对方，会影响彼此的沟通。

假如在一些人多的场合遇到自己不太熟悉或者不感兴趣的人，对方向你索要名片的时候，你不想满足对方的请求，那么可以委婉地拒绝。比如"不好意思，我今天没有带名片"或者"抱歉，我的名片刚刚用完了"。

　　在拜访客户的时候，要提前检查名片是否充足，并把名片放在最容易拿到的地方。交换名片的时候需起立；同时在交换名片的情况下，应该先收下客户的名片。以此体现对客户的尊重。

　　给客户递送名片的时候要文字朝上给出，方便客户阅读。在收到客户名片的时候要阅读片刻。按照接受名片先后的顺序放在桌面上，这样方便和客户面谈的时候能够准确称呼对方。离开的时候要记得拿走名片，一定不能丢在桌子上不管。一定不能在名片上做标记，这是一种很不礼貌的行为。在收集名片之后，应当按照企业的名称或者其他的顺序收藏。变成电子格式最好，这样方便保存和管理。如果以后需要联系或者发送邮件还可以通过名片快速找到联系方式。

恕我冒昧来为各位做个总结

一张名片也可以看出对方
或对方公司对于工作的态度

从一张仅仅数厘米长宽的纸片，也能够看出对方或者对方公司对于工作的立场或政策。甚至，透过名片的内容、纸质等，也能够看出该公司的现状。请特别注意这点。

从那么小的一张纸片也能够读取各种信息呢！

重点在于没有写出来的信息。如果名片上只印出公司的总机号码，这会让人认为对方想逃避责任吧！

场景 **005** 通过会议锻炼

观察力　　分析力　　假设力

试着出席与自己 无关的会议

做那么无聊的事情有什么好处吗？

正因为是与自己无关的会议，所以能够以冷静的态度观察。还有，培养这种觉察力，对于自己未来的工作也可能会有帮助。

若是与自己无关的会议就能够冷静看待

通常我们都只会出席与自己有关的会议吧。

不过在与自己有关的会议中，很难冷静地说出自己的想法。"这件事情非说不可""会议的讨论一定要往这个方向进行"等坚持，都是因为我们想到自己的角色才会说的。

然而，若是与自己无关的会议就能够不受情绪的影响。因为"无论得出什么结论都与自己无关"，所以能够客观地思考。因此，就算讨论类似的议题，也会想出完全不同方向且具有建设性的意见。

像这样，以第三方的立场出席会议，就会看出许多在与自己有关的会议中所看不到的问题。

例如，为了坚持己见而破坏会议气氛的人，竭尽所能奉承总经理或高级主管的人，一味地反对却完全不说出自己意见的人。宛如是看着一场戏的心情。

如果难以理解参加与自己无关的会议的心情或立场，请想想运动解说员的例子。

运动场上的运动员为了比赛拼命地发挥实力。而解说员不是运动员，胜负与自己无关，而且在运动场上比赛的也不是自己，因此解说员能够以冷静的眼光分析赛场上的各种状况。

作者的
自言自语

有人说参加与自己无关的会议没有必要，既浪费时间又牵扯精力，其实这是片面的想法。我们偶尔参加这样的会议可以使自己冷静地思考问题，客观地想解决问题的办法。当我们再去解决自己工作中的问题的时候，也就可以通过之前的训练想出具有建设性的意见来了。

与自己无关的会议应该怎么做会议记录

当我们参加一些与自己的无关会议的时候，我们不妨在会议中设想一下需要做的决定，然后将所做的设想写下来，再与会议实际的决定做对照，看看自己预测到了哪些。这对于自己的决策能力是一种锻炼。

在参加与自己无关的会议的时候预测未来的能力可以得到多方面的锻炼，这样参加会议的心情也会大不同，能把无聊的会议变成十分有趣的推理判断现场。而且当我们的猜测结果和会议的实际决定不一样的时候，我们还可以从差异中领悟做决定的窍门。

即使是与自己无关的会议，我们同样需要做会议记录，来对会议过程进行跟踪总结。那么参加这样的会议应该如何做会议记录呢？

我们在旁听这样的会议时首先要清楚会议的议题，在笔记本上记录下来，然后再将涉及的具体内容逐条写下来。如果存在多个议题，可以按照讨的先后论顺序列出来。另外，我们需要在出席会议的时候明确会议要做出什么决定，在之前的基础上明确了这一点才有意义。所以在出席这类会议的时候我们要在开始和结束的时候进行假设，会议将要做出什么决定。和我们自己的预期有什么不同。这样就可以锻炼我们的假设力。其实做起来并不

作者的
自言自语

做会议记录的目的在于训练我们自己的预测能力，通过记录理清自己的思路。只有通过这样的训练，我们的预测能力和判断能力才会有所提高。通过做记录也可以写下我们迸发的想法创意，也能起到启发自己工作的作用。

难，只要我们在开会的时候一边做会议记录，一边将自己假设的结果写下来就可以了。

但有时候开会并没有做决定，而是讨论下一步应该做什么。对于下一步要做什么我们同样可以进行假设。自己先预想一个结果，然后看实际讨论的结果和我们的预想有什么不同，这样会充满乐趣，也锻炼了我们的假设力。同样的，会议中的有些议题让我们想到了自己的工作，要马上记录下这灵光乍现的想法。这也是参加与自己无关的会议对我们自己工作的一个启发。

对于自己工作的帮助

就像这样，如果找机会参加与我们无关的会议，就能了解自己应该扮演什么样的角色，这对我们非常有帮助。

若在这样的会议中发现有人与自己的立场相近，就会察觉"啊，我平常在会议中就是这种模样呀"，或是"原来如此，也有这样的做法"，借此机会改正或学习。

另外，如果有人的发言跟自己一样也遭受攻击，就会明白"就是因为说了这种话才会被攻击的呀"。从下次会议开始，就能够改善自己的发言方式了。

由于能够俯瞰整个会议状况，我们甚至能想出会议应该进行的方向或解决对策。

由于我们的建议而有利于遗产继承的案例

由于工作的关系，我们经常会出现在讨论现场。

从陪伴身体状况不佳的总经理出席董事会议，到是否要让儿子出国留学的家庭会议等，会议规模有大有小。

当然，在这样的会议中没有我们说话的余地。不过，由于我们的工作是支持所服务的人，所以如果发现有利于雇主的情况，我们就会在会议后提出建议。

例如，遗产继承。名人的遗产金额都非常庞大，所以家人或亲戚之间经常会为了遗产的分配而发生纠纷。

当然，就算我们被要求出席这种家庭会议，我们也完全不会发表自己的意见。不过，如果客观观察，就能看出家人或亲戚之间的权利关系，发现说出意见一定会遭反对的人，理清敌人是谁、同伴又是谁等各种状况。

这么一来，大脑中就会浮现对雇主有利的想法，然后就能在会议之后提出"可以如此进行"的意见。

结果没想到这个想法反倒成为一个妙计，使得亲戚之间的权利关系改变，或是继承遗产的条件变好，等等。实际上真的发生过这样的案例。

观察力 锻炼方式·实践的重点
应该观察的是人际关系

本单元强调的大前提是出席与自己无关的会议。别因为工作忙碌或担心遭受异样眼光就犹豫不决，请积极参与吧！

在会议中要观察的重点是人际关系。

了解与会者所提的意见或会议内容固然重要，不过如果注意与会者之间的权力关系则更有帮助。例如，无论 A 说了什么意见，B 一定会同意，或是 D 部长一定会反对 C 部长的发言，等等。

更进一步要注意的是：有人提出重要意见后，其他人的后续反应。这是最重要的一点，参加会议时千万别错过了。

分析力·假设力 锻炼方式·实践的重点
别错过重要发言"之后"的发展

有人提出重要意见之后，马上就有人赞成或反对。观察接下来谁会说什么，就可以了解这场会议中的人际关系了。

某人发言之后有人立刻表示赞成，证明此人与发言者具有密切关系。例如发言者是部长而其亲信是科长的话，科长为了阻挡他人的言论攻击，会立刻补充意见。

相反的，发言后立刻提出否定意见的人，或是无论发言者说什么都会讨厌，代表此人真正讨厌的是发言者。

以上两者皆非，会稍等一下之后才简短说些什么的人，可以推测此人想表明自己的中立态度。

就像这样，通过分析人际关系，也可以训练自己的观察技巧。

接下来把观察、分析的数据化为固定模式，然后试着建立假设，例如"如果提出这样的意见就会被那样反对，所以应该这么说才对"。

恕我冒昧来为各位做个总结

在发生争执的会议中，以体育解说员的心态进行观察、分析

只有能够客观且冷静观察会议流程的人，才能够提出精辟的见解。
若要俯瞰整个会议状况，就必须像体育解说员那样提出客观的看法。

是因为参加会议的人心情越来越激动，所以不容易提出好的想法吧。

参加与自己无关的会议，不仅能够训练观察技巧，还能够使自己在参加与自己有关的会议时保持冷静的态度。

场景 **006** 通过会议锻炼

分析力

做笔记
就能看出本质

来不及写下来……

把所有人的发言都写下来，这我很难做到啊！

不用写下每一字每一句。而且，一字不漏地记录会议内容，无助于观察技巧的训练哦。

利用笔记就能够消除会议中的杂音

这里所谓的"笔记",指的是会议记录这种非常简单的内容。

其实,写会议记录需要具备某种能力。

那就是删除不必要的内容的能力。

会议中除了重要的意见之外,也夹杂着情绪性发言、废话或是不必要的补充等各种内容。会议记录不会留下与会议主题无关的内容。因此,写会议记录的人,必须能够分辨必要与非必要的意见,并舍弃无用的内容。

消除杂音,只留下必要的内容,这么一来我们就能够看出会议的本质。

换句话说,如果写会议记录就能看出本质,那么这样的形式就非常适合用来锻炼观察技巧。

只是,不是每家公司都要求做会议记录,而且自己也不见得会被指定做会议记录。更何况明明公司没有要求,自己还要写会议记录,万一有一次没写,还可能会被视为偷懒呢。

因此,有时无须做正式的会议记录,只要以写笔记的方式试着写出会议内容即可。若是在容易做得到的范围内,就应该能够持续下去。

作者的
自言自语

通过做会议记录的方式可以消除会议中与议题无关的杂音,留下与会议相关的主要内容。这个过程也就在无形之中锻炼了我们筛选信息、判断信息价值的能力。同时还为我们提炼出了会议的本质。

写工作日志也有效

提到与工作有关的文件，还有一种是工作日志。新进员工特别容易被要求写工作日志。

公司让员工写工作日志的目的，是让员工报告该日的工作内容，如此主管就能够掌握下属的工作状态与进度。

不过，除此之外，工作日志的最大目的，是帮助每位员工回顾今天一天是否确实做好工作，具有自我启发的作用。

"仔细思考之后，发现自己一天下来也没做什么事。"像这样反省自己的工作，隔天员工自己就会有意识地督促自己努力工作，让写在工作日志上的内容更加丰富。

工作日志与会议记录一样，都具有训练观察技巧的效果。

利用会议记录达成双方的共识

我们公司与客户见面洽谈时，一定会做会议记录。这不是小题大做，只是总结洽谈内容，把当天讨论的结论寄给客户确认"这样的内容是否正确无误"。

寄送会议记录的理由之一是，这样客户就能够清楚知道对我们的要求。通过会议记录，能够有逻辑地整理客户带着情绪述

作者的
自言自语

书写的一个作用就是理顺我们的思维，回顾事件前后过程，归纳提炼事件的要点。在写日志的时候还可以反省自己一天的言行举止。每天反省还可以促使自己第二天积极改正错误，更有效率地工作。

说的内容。

寄送会议记录的理由之二是，让我们与客户的理解达到一致。就算是同一句话，有时候双方的理解也会有所不同。为了避免日后产生纠纷，最好通过文件让双方达成共识。

巧做会议记录的秘诀

在工作中我们应该怎样做会议记录呢？这里为大家提供几个方法作为参考。

常规记录方法：对于一个部门或者多个部门召开的会议，我们要重点记录会议主要发言人的名字、所属的部门、发言的内容。这是会议记录的重点。同时可以用笔圈出参加会议的几个主要发言人的名字，这样下次可以快速地回顾起这次会议的内容。而对于次要的发言人选取其中有建设性的发言内容就行了。

会议开始后，就可以按照上面的方法进行记录了。可以在笔记本上给几个主要发言人保留一定的空间，用以记录他们的发言内容。同时，我们也可以采用多种颜色的笔来给不同的发言人做会议记录。比如使用黑色的签字笔记录总经理的发言内容，用蓝色的签字笔记录部门经理的发言内容。这样对于每个人发言内容的多少也可以通过颜色的不同一目了然地看出来。

当一次会议有明确的议题和进度，并且事先通知的时候，我们可以将它打印出来，用来替代笔记本。这样开会的时候就可以直接将会议的要点记录在打印的表格上，也会方便很多。

随时记录自己的想法：在以上基础上我们还可以进行优化。在记录会议内容的时候，我们可在笔记本的边栏里记录我们的想法，例如，随时想到的点子、对于会议有疑问的地方以及会议的要点、关键词，等等。这样的话我们就可以通过这一栏迅速回顾会议的内容，准确抓住要点。同时我们可以在笔记本下方的栏目写下会议的要点，这样等下次再翻看的时候，看一看下方栏目里总结的要点就能回忆起会议的主要内容了。

这样做可以训练自己的归纳总结能力，也可以提高自己的分析能力，从而在开会的时候省时省力地做好会议记录。

拍照记录会议内容：当我们在开几个人的小型会议的时候，一般进行口头的决定就结束了，但最好做一个简单的记录。我们可以借助相机和题板做简单的会议记录。因为是只有几个人的会议，我们可以将会议讨论的问题、最终的决策、使用的方法、人员的安排等几个主要的方面在题板上做一个记录，同时用手机或相机拍下来。这样既节省时间，也方便我们及时回忆会议内容。同时我们还可以将拍照的内容打印出来粘贴到笔记本上，作为工作记录。

成功人士有写日记的习惯

我们在工作中经常需要写会议记录之类的文字报告，不过，个人生活中应该不太有人会这样做吧？

其实，许多名人就算是私人生活也会做记录。"谈论了那么多，结论到底是什么啊？"为了避免产生混淆，名人会把自己的想法记录下来。

也有人会在买房子或买车时先做笔记，日后再整理成会议记录的形式。

就像这样，平常习惯做笔记，能自然地训练自己看清事物本质的能力。特别是白手起家的名人，多半可以从他们身上看到这类的行事风格。而且，实际上他们也非常擅长看清楚事物的本质。

善于看清事物本质的名人，会像写笔记那样随手记录一下，就算是记录在私人的博客里也可以。

还有，我的客户中有许多人都有写日记的习惯。他们不是写长篇大论，只是简单写下标题并得出结论。通过书写反省自己，重新检视事物的本质。令人意外的是，这样的习惯竟也是成功的秘诀呢。

分析力 锻炼方式·实践的重点
尽量简短归纳

笔记本的上方有空白的空间，大部分人很少使用这块地方，其实它可以发挥大作用。我们可以在空白处给本篇笔记写上标题，这样下次再翻看笔记本的时候，看到标题，就会马上想起这部分笔记的内容，这样就做到了尽量简短地归纳。

一字不漏地记录会议中的所有发言，将难以看出会议讨论的重点。因此，若想要锻炼看清事物本质的分析力，诀窍就是要尽量简短地归纳内容。举例来说，无论决定事先讨论了多长时间，最后的归纳内容要控制在一张 A4 纸的范围内。如果事先决定好书写内容的篇幅，自然就能有意识地去除不必要的杂音，只留下重要的笔记内容。总之，会议记录是透过书写过程，从掺杂着本质与杂音的发言内容中，抽取出会议的精髓。我们可以利用会议记录练习，也可以利用与客户洽谈的内容练习。

还有，我们可以像本节介绍的名人那样，采取记录与店家交易的过程、自己的想法或是写日记等方法，来训练我们的观察力。

恕我冒昧来为各位做个总结

通过书写习惯
培养看出本质的眼光

就算是需要、不需要的意见夹杂的会议或讨论，利用记录内容的方式，就能够看出容易被忽略的重点。甚至，如果培养书写习惯的话，也能够逐渐锻炼看清本质的观察力。

如果是做笔记这种程度的记录，感觉我也办得到啊！

如果只是记录声音或文字，也能够区分本质与杂音的不同，做笔记时请尽量简短归纳吧！

场景 **007** | 通过照片
锻炼

假设力

在目光所及之处
贴满对方的照片

摆客户的照片吗？感觉不是很想这么做……

也有人这样做啊。摆放客户的照片不仅有助于训练观察技巧，也可能对工作产生正面影响。

因对方的影响而提出最好的假设

在日本，应该没有人会在办公桌上摆放家人的照片吧！其实这在欧美社会极为常见。若是在办公桌上摆放家人的照片就会经常想到家人。

许多人摆放家人照片，是为了激发工作动力吧。

不过，应该很少有人发现，在工作中思考对家人的贡献，将有助于维持家庭的和谐关系。

同样的道理，在办公桌周边贴上重要客户的照片的话，有望提高工作效率。

如果在办公桌周边贴上客户的照片，无论起身或坐下都会看到客户的脸。这么一来，每每看到照片就会想到这位客户，进而经常在脑中思考："对了，关于下个月的新产品，如果是他的话应该会这么想吧？""搞不好对方希望我们提供这样的服务。"等等。

就算以前思考时从来不曾与照片中的人相关，摆设相片后脑中就会自然地联想"假如是那个人的话，他会……"

如果像这样经常建立各种假设，实际见面时就能够提出最好的假设，工作就容易顺利进行。

作者的
自言自语

使用照片锻炼自己的假设力，这个方式可能有的人不太接受，但这种方式可以有效地锻炼我们的假设力。每天都可以看到客户照片，自然就会去想客户对于产品的意见，从而改善产品，让客户满意。所以不要顾虑，去行动吧！

照片会帮助你想到对方

贴照片会带来两种效果。

首先，如前所述，照片会帮助你想到对方。

进入社会工作后，每个人每天都过着忙碌的生活，忙到连思考一件事情的时间都没有。

然而，如果在目光所及之处贴上照片的话，每次看到照片就会想到对方，思考与对方相关事物的时间自然地也会变多。

其次，通过照片会想到对方的思考方式、说话内容、行为、语气，等等。由于一边想到对方的细微动作，一边思考假设情况，这样就能够建立更接近真实的假设。

虽然这样的说法不是很贴切，不过从某种意义来说，这就好像在房间里看偶像的海报时胡思乱想的情况一样。

在客户手册上贴照片以提高服务水平

我自己也会贴客户的照片。看到客户的相片回想客户的声音特征、思考模式或说话方式等，借此假设"下次若提供那样的服务，对方搞不好会很高兴"。

其实，我的公司针对每位客户制作的手册封面就贴了客户

作者的
自言自语

有一种理论，认为人对于图片和视频的理解能力要强于文字，所以这也是我提倡使用照片锻炼我们假设力的原因。当我们面对照片，就会产生联想，更多考虑客户的想法。久而久之，我们就形成了这样一种模式，从而提升我们的假设力。

的照片。

为什么客户手册要贴客户照片呢？那是因为如果标出客户姓名的话，万一手册的信息遭到泄漏，外人就知道这是谁的信息，这样可能会给客户带来麻烦。

因此，我们不会写出客户姓名而是以照片代替。

虽然，最初只是单纯的个人资料保护对策而已，但是在客户手册贴上照片之后，其他同事也变得经常想到他们服务的客户，服务水平开始提升。这让我们确实感受到："原来如此，贴照片还有这样的效果啊！"

从那时起，我公司的客户手册不仅会贴客户的照片，每位员工也都会随身携带自己服务的客户照片。

假设力 锻炼方式·实践的重点
大方地贴上照片吧

若想要充分达到效果，就在目光所及之处都贴上照片吧！例如，从计算机屏幕抬起头来就能看到照片的办公桌（可能你并不愿意），就是理想的位置。

放照片时，不要感到害羞非常重要。如果老是在意他人眼光就无法继续。

如果办公桌周围不方便贴照片，也可以在手机桌面放客户的照片。若是手机桌面的话，只要自己不主动拿给别人看，别人几乎不会有机会发现。

当然，也可以贴在家中。不过，如果不是电视旁、客厅时钟附近等眼睛经常能看到的地方，贴照片就没有意义了。

还有，就算不是客户的照片，家人的照片也能够训练假设力。把家人的照片摆放在办公桌上，偶尔想想家人的事情："这孩子不是想学骑自行车吗？今年圣诞节就买辆自行车当礼物吧。""最近下班都很晚，老婆一定希望我偶尔早点回家帮忙处理家事吧！"此类的想法也能够当作练习。

　　就像这样，除了锻炼"直觉"的习惯之外，像欧美人士那样，试着通过贴照片的方式，提高工作动力与充实个人生活吧。

恕我冒昧来为各位做个总结

与其贴偶像或韩星的海报，
不如贴客户的照片吧

通过贴客户照片的方式，可以提高想到客户的频率。这么做不仅可以增加思考假设状况的频率、锻炼观察技巧，也容易提高工作效率。无论如何都不应该贴偶像的照片。

我要立刻把家里《初音未来》的海报换成客户的照片。

我要立刻把家里《初音未来》的海报换成客户的照片。

若是上班族，有时候主管就像是客户一样，所以我想应该也可以贴主管的照片。

场景 **008** | 通过自掏腰包锻炼

分析力

自掏腰包购买自己公司的产品就会严格地分析

对于我来说，就是雇佣老师您来为我提供服务。哈哈哈，好像很有趣啊！

真不敢想象……先别说这个。如果自掏腰包买自己公司提供的产品，将会改变原来的观点。

一旦掏出钱来就会质疑商品的价值

人们很容易忽视自己公司售卖商品的价值。就算自家公司的商品排列在店面的商品架上，标示着一百元的价格，通常自己也不会真正质疑卖这个价格是否恰当吧！

然而，如果试着自掏腰包购买自己公司的产品，看待产品的观点就会立刻改变。然后脑中会开始思考："这个商品真的值我出的这个价格吗？"或是："卖这个价格适当吗？"

像这样思考后，如果觉得"不，我觉得没有这个价值"。接下来就要开始思考："那么该怎么做才能以这个价格销售呢？""什么样的人才会以这个价格购买呢？"

提供服务的公司也是一样。"自费投宿自己服务的饭店，感觉舒适度还不够呀。""没想到我们公司的出租车清洁得很彻底，果真是高档出租车。"就像这样，自己会以非常严格的标准检查本公司的产品。

反过来想，如果公司员工会自发性地购买公司商品 / 服务的话，表示员工认为公司产品有这个价值。

只是，由于是自掏腰包买的，所以太过昂贵的商品 / 服务就不太适用这个方式。所以这个训练方式只适用于针对一般消费者提供的商品 / 服务。

作者的
自言自语

认真想一想我们有没有购买过自己公司的产品呢。如果没有的话，在一定程度上表明一个问题，那就是我们对于自己的产品没有认同，也没有自豪的感觉。所以开始行动起来吧，购买自己公司的产品，仔细分析，然后改进它！

名人也会购买自家公司的产品

我有一位客户是某大型连锁超市的创业老板。

据说这位老板每天都会在自家的超市买午餐吃，然后思考"这道菜值不值得花几十元买呢"。

假如老板只考虑公司利润，想法可能就会变成："一份菜卖几十元，就算减些份量应该也不会被发现吧；把菜量减少以降低成本，这样就能够多赚一点了。"

不过，如果有钱的名人自掏腰包购买产品，站在消费者立场思考，思考方向就会变成："该怎么做才能让消费者愿意花几十元买我们的产品？"

有一位客户经营自用发电机维修公司，他在家里设置了大楼用的全套自用发电机。

这么一来，他就是花自己的钱接受自己公司的维修服务。结果他发现："明明也没有发生什么问题，每个月还要从户头扣服务费，这样客户也会无法接受吧。"

因此他指示业务员："自用发电机坏了时维修人员出现本来就是应该的。重要的是，就算发电机没问题也要登门拜访。"多亏他下了这个命令，客户的续约率因此而提高了。

作者的
自言自语

换位思考常常可以改变我们的想法。当我们从一个产品提供者变成使用者的时候，就会发现产品的不足之处。所以这就是我们购买自己产品的必要性。这就是自掏腰包，马上改变自己看待事物的观点。

立场改变，观点也会改变

与自掏腰包购买自家公司的商品／服务具有相同效果的，还有立场的改变。

怎么说呢？比如，设想一下制造公司的员工因人事交流而派驻销售公司的情况。

总之就是从制造方转变为销售方。

制造方与销售方的观点完全不同，所以思考方式或看待事物的角度也是天差地别。

位于制造端时，总是想着"一定要做出好产品，这样就算不用大肆宣传也一样能够畅销"。然而，当自己处于销售端时就会明白，"无论多好的产品，如果消费者难以了解产品的好也是卖不出去的"。于是，日后制造方的员工就会研发出业务员容易宣传优点的产品。

就像这样，转换立场与自掏腰包一样，也会改变自己看待事物的观点。

分析力 锻炼方式·实践的重点
最好以其他公司为练习对象

这里的重点是自掏腰包。如果商品／服务的金额不构成负担的话，自己就先掏钱购买吧。

自费购买的话，自然就会以消费者的立场分析自家公司的产品或服务，也就能够自然地锻炼分析力了。

不过有种情况是，就算消费金额不高，有时候就是无法下手购买自家公司的产品，或是就算买了也很不容易以消费者的眼光观察。

例如在咖啡店工作，如果店里所有的人都是平常一起工作的同事，这样无论如何都很难从消费者的角度客观分析。

还有，在所有员工都是熟人的店里，就算以消费者的立场点一杯咖啡，也不会观察到这家店平常提供给消费者的服务。

像这样的情况就要试着去竞争对手的店里消费。也就是在与自家公司相近的价格区段中，购买类似的商品／服务。

还有，购买公司的商品／服务时，不能因为自己是公司员工，就要求以员工价打折。若想要以消费者的角度思考，就必须以消费者的价格购买才行。

恕我冒昧来为各位做个总结

一旦自掏腰包，
观点就会改变

以往只从销售方的角度看待的商品 / 服务，通过购买的行为，就会以消费者的立场看待。如此一来，就会看到位于销售端时没发现的各种问题。

如果是竞争对手的产品我或许会买，而对自己公司的产品，可能会有盲点。

这只是针对一般消费者的商品 / 服务的做法。不过，看到以往不曾意识到的盲点，这种感觉是非常重要的。

名人的奇怪要求 1

你可以去大阪帮我捡垃圾吗

　　我的名人客户们与一般人所想的有些不同。正因为如此，名人经常会要求我们做一些自己认为理所当然，但在一般人眼中却是"奇怪"的事情。

　　当然，攸关人命或涉及犯罪的非法要求不在此列。倒不如说，事后回想起来，这些要求都还挺有趣的。

　　例如，以前我就曾经接到这样的奇怪要求。

　　一位住在东京的客户，前一天因工作前往大阪出差。他把我叫过去，说了以下这段话：

　　"昨天我在大阪的饭店里，把笔记丢到垃圾筒里了。那时我觉得无所谓，不过现在那个笔记很重要，你能去帮我拿回来吗？"

　　听到这话的瞬间，我心中觉得很疑惑："为什么需要我特地跑一趟大阪去捡垃圾呢？"事实是，如果让饭店人员等外人看见那个笔记内容就麻烦了。

　　因此我便遵从指示，出差到大阪捡"垃圾"。

第 2 章

在公司外锻炼
"观察力"

他们坐那么远，到底是有多不信任我啊！

看对方的领带
就能想象对方的性格

我是奉行无领带主义的人啊……

没有人问你奉行什么主义。我要说的是，透过领带的
颜色可以了解许多事情，要有这点认知！

热情的人会系红色领带

领带能充分显示一个人的性格。从领带的花色或领结的样式能看出一个人的个性，不过颜色则更能强烈反映出一个人的性格。

个性朴实的人不太会系明亮颜色的领带。相反的，开朗性格的人也很少选择暗色系的领带。

具体来说，红色代表热情，蓝色代表沉着冷静，粉红色代表友善，黄色表示想引人注目。领带的颜色与人的性格大致上是相关联的。

另外，公司想呈现的形象也会反映在领带颜色上。例如出租车公司规定的领带多半是深蓝色，这是为了树立公司的司机都能够稳重开车的形象。

只是，领带也会随着日子的不同而改变。

其实这才是重点。一个人在某一天的心情或动力，会反映在当天他所系的领带颜色上。

运用以上的信息就可以反过来操作。透过领带颜色的选择，能够有效地塑造自己当天的心情。

举例来说，若想让今天见面的人认为自己很有活力、很热情，就要选择红色领带；想让对方内心觉得自己今天传达给对方的信息很理性，就要系上蓝色领带。

领带颜色和佩戴人性格之间的关系是否是这样呢？一般来说是如此，但是也有其他的情况我们要根据实际来判断，千万不能形成思维定式。一方面我们要观察，一方面也要保持思考。

名人大多会自己决定领带的颜色

名人所系的领带当然是各有所好，这自是不用多说。他们不会选择太具有个性的领带，通常都是一般的颜色、花色。不过许多人其实早就决定了固定的颜色。

其中也有人是无意识地决定颜色的。我有位客户是具有强大业务能力的知名公司总经理，他工作热情，也一直系着红色领带。

观察力 锻炼方式·实践的重点
同时记住领带颜色与对方的态度

经常有意识地观察对方的领带颜色，这是培养观察力的基本功。

除此之外，如果与同一个人见过好几次面的话，要同时记住对方每次不同的领带颜色与态度。

在联系对方的领带颜色与态度，或是日后分析对方的行为模式时，这是必要的信息。

如果因为工作的关系很少有机会直接与人接触的话，可以通过电视的新闻节目观察。

作者的
自言自语

不同的工作会有一定的着装要求，所以无论是领带的颜色还是整体着装都要符合自己的职业特点，这是我们通过领带颜色这一点发散思维想到的。你有没有做到呢？

例如，通过某公司高层因为发生丑闻而举办道歉记者会的新闻报道，观察公司高层所系的领带颜色；或是观察公司老板参加新产品发布会时所系的领带颜色。

以大部分的情况来说，道歉时为了让人看起来沉着冷静，所以会选择蓝色系领带；新产品发布会则会选择红色系领带以呈现热情与活力。

分析力 锻炼方式·实践的重点
合并记住颜色与态度之后，归纳为固定模式

在前面训练观察力的单元中提到过，如果合并记住对方的领带颜色与态度，并将其模式化，将有助于分析力的训练。

例如，系红色领带时，表示对方会积极购买我们公司的商品；提出严厉质问时，对方正系着蓝色领带；系黄色领带时，表示对方想制造引人注目的机会；对方系粉红色领带，可能打算采取亲密的行动，等等。

看电视播放的新闻节目也是一样。出席道歉记者会时系蓝色系领带，在新产品发布会等热闹的舞台上多半会系红色系领带，等等。请试着有意识地把这些信息化为固定模式吧！

把以上信息归纳为固定模式之后，接下来与对方见面时就可以加以运用了。例如，"啊，今天对方系红色领带，所以有机会推销我们的产品。""噢，对方系蓝色领带，所以我必须理性地回答问题。"

知识补充 · 领带的选择与佩戴

关于领带的颜色和佩戴人的心情性格的关系就说到这里，我们还需要掌握一些关于领带的相关知识。这一小节我们就来看一下领带的选择与佩戴应该关注哪几个方面。

领带作为出席正式场合必不可少的一件单品，往往能显示男士的品味和魅力。从领带，我们也可以得到佩戴者很多信息，例如其从事的职业、文化修养以及收入的状况。特别是从事商业、金融、法律等行业的人士，他们常常需要参加一些商务活动，进行大量的社交活动。对于他们而言，领带就成了必不可少的佩戴物品。

从视觉角度来说，人一般看对方的时候眼光首先关注的是脸，其次就是脖子、肩膀这一部分，特别是在穿白衬衣的情况下，一条合适的有品质的领带就显得十分重要了，它能反映出你对该场合的重视程度和态度。领带的挑选和佩戴应该了解如下几个方面。

款式： 领带的款式主要体现在领带的宽度上，通常可分为宽、窄两种，常用的领带宽度在8~9厘米之间，而窄的只有5~7厘米。在进行选择的时候，要综合个人的身材、喜好、所穿西装的颜色、出席的场合等多方面来进行决定。总的来说，越宽的领带越显得稳重一些，适合正式隆重的场合；而窄的领带则给人活力四射的感觉，比较适合休闲混搭使用。

花色： 一般来说素色的领带适用于绝大部分场合。斜纹和简单几何图案的领带多用于比较正式的场合。小圆点和其他花哨图案的领带适用于日常休闲场合。

英式与美式的斜纹有着不同的意义。英式斜纹又名军团纹；

而美式斜纹一般是比较权威的人士佩戴，所以勿轻易选择佩戴美式斜纹领带。

而领带颜色的选择主要根据实际参加的场合和个人的喜好。就像前文中所说，红色领带代表热情，蓝色代表着冷静，粉红色代表友善。但也不局限于此，要综合西服的风格、整个人的气质和场合来进行选择。

材质： 对于领带的材质，首选一般是真丝，因为它的光泽度和手感都是一流的。真丝里面又分为全真丝和亚麻或者是羊毛里衬两种。前者比较奢侈，而后者则较为日常一些。现在有一种针织平头的领带是较为折中的一个选择，既不会过于正式也不会显得太过庄重。

关于领带的佩戴，我们需要了解以下三种领带的打法。

温莎结（多用于正式场合）：
温莎结得名于英国的温莎公爵，这位爱美人胜过爱江山的皇室对这种尺寸较大的领带结情有独钟。因此人们把它叫作温莎结。温莎结是比较传统的打法。由于系法较为复杂，而且需要材质薄的领带来打结，现在已经显得不那么时髦，取而代之的是介于单结和温莎结之间的半温莎结。

半温莎结（适用于多种场合）： 半温莎结是一种时尚轻快的领带打法，是一种形状对称的领

带结。适用于大多数的场合和衣领，尤其是在和衬衫的搭配中，与标准领的搭配是最合适的。在休闲的时候，使用厚材质的领带系半温莎结，更能体现出佩戴者随意又不羁的态度。

平结（比较简单、休闲，日常使用较多）： 平结是我们平时选用最多的一种领带打法，对于各种材质的领带都较为适用。平结打完之后呈倒三角形，适合窄领的衬衫。

要注意一点： 所有的领带在佩戴的时候都要保持它的长度在腰带之上，同时要记得在领结的下方中部留出一个酒窝。保持酒窝两边的对称，这样会显得更为精神。

在职场中任何一个小的细节背后都有丰富的知识和传达的信息，作为执事要掌握这些从而更好地为主人服务。同样，作为职场中的人，也应该熟练掌握这些内容，从而使自己成为全面的人才。

恕我冒昧来为各位做个总结

对方的内心状态
会呈现在领带的颜色上

公司规定特定颜色或是认定"领带的颜色就是这个颜色"的情况另当别论。多数情况下，领带的颜色反映了一个人目前的心情。如果习惯从领带颜色观察对方的心情，将有助于观察力的训练。

真的，没有人会在道歉会上系亮丽颜色的领带。

如果是公司决定领带颜色，那么可以从中看出这家公司想对客户或世人传达的公司理念。

从对方坐的位置
判断对方信任的人

意思是如果对方是位高权重的人，就请他坐在最里面的主位吗？

现在谈的不是商业礼仪的情况，而是人类心理的呈现。通过对方所坐的位置，可以推测对方对于我方的想法。

观察对方会坐在谁的面前

在洽谈的场合中，假设有客户一人与我方两人在场。从客户选择的位子可以推测他信任这两人中的哪一个人。

如果面对面坐着，表示客户对于这个人的信赖程度很高。

因此，这样的做法也被套用在我公司与客户洽谈的情况下。从客户坐在哪位工作人员正对面来决定要指派哪位工作人员执行服务。

不过，也有的情况是客户没有坐在任何一人面前。

客户坐在稍远的位子，像是"摆好阵势"那样斜坐着面向这边，表示我方还没获得对方足够的信任。

或者也可能是对方不想与我方建立信赖关系。

要尽量主动控制座位

我们要反过来运用挑选座位的心理，安排对客户有利的位置。

例如在宴席中想让客人与主人亲近一点的话，就要把客人的位置安排在主人的正对面。

如果客人已经先坐下来了，就只留下客人正对面的餐具，其他座位的餐具全部收起来，借此引导主人坐在客人正对面。

作者的
自言自语

心理学上讲，人与人之间都会有一定的安全距离，陌生人之间是一米左右，一般朋友之间是半米左右，亲人之间则是十几厘米左右。从这个角度来说，客户坐的位置距离我们的远近，也可以反映出客户对我们的信任程度。

如果位子离太远，对话自然容易被打断；座位近一点就不可能不进行对话。

而且在用餐的场合，一旦坐下来就可能保持不变长达两小时，所以如果把客人安排在主人旁边的位子，他们就有充裕的时间尽情交谈。

不见得坐在正对面就是好的

前面提到坐在正对面的意义。不过，也不见得坐在正对面就容易建立信赖关系。

例如，在收银台前付账时，如果站在柜台内侧的服务人员靠过来，我们是不是都会稍微后退一步？

面对站着的对方时，为了不让对方感到压迫感，稍微站斜一点比较好。

另外，比起正对面，也有变得更亲密的座位安排，那就是如右页上图所示，桌子相邻两边的位置关系。

相邻两边之所以比较好的原因，是彼此的距离变得更近了一点儿。

如果想与对方感觉更亲近，安排在隔壁的位子也是方法之一。

执事的
自言自语

合理的座位安排能增进会谈的效果，所以如何安排座位也有很多知识呢！我们要多观察，积累经验，然后总结出适用于大部分情况的座位安排，从而取得良好的会谈效果。

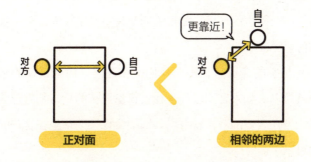

更靠近！

对方 ○ ←→ ○ 自己

正对面

对方 ○ ↗ ○ 自己

相邻的两边

能够变得更亲密的位置关系，那就是"桌子相邻的两边"

不过请记住，不同场合都要以具体情况论；而且如果人数众多时，这样的说法就不成立。

具体会谈形式和地点的座位安排

当会谈的人数和地点很具体的时候，也会有不同的座位安排方法。但这里只是提供给大家作为参考，还是要在具体操作中灵活运用。

一对一的洽谈： 当单独和一个客户进行洽谈的时候，要尽量避免棱角明显的方桌，而选用线条圆润的方桌。同时也要注意避免相对而坐，如上文所说坐在客户的侧面，通过缩小两人之间的距离把对立感降低到最低。如果客户同意和我方坐在同一侧，心理学上认为这样的人与人之间的位置防御意识是最低的，也会取得良好的洽谈效果。

在会议室洽谈的座位安排： 这里分为两种情况，一是我方去拜访客户，二是客户来我方洽谈。当我方去拜访客户的时候，面对的是一个陌生的环境，如果恰巧会议室又比较大，那么我们应该如何坐呢？

如果是空的会议室，那么我们坐在进门以后会议桌的斜对角一侧就可以。如果客户已经坐在会议室等待的话，长方形的会议桌我们坐在客户的对面就可以，圆形会议桌的话坐在客户的右手边就可以了。

而当客户来我们公司的时候，那么就有很多选择了。对于重要的客户我们选用封闭的会议室，这样有利于营造一种严肃安静的会谈气氛；而且要提前把会议室布置妥当，摆放好会议用品和招待客户的饮用水等物品，这样也方便客户对于座位的选择。对于不同类型的客户，会议室的安排也有一些小技巧可以应用。比如对于出现矛盾纠纷的客户，可以选用小一点的会议室，座位和客户离得近一些，这样有利于缓和对立的状态，对接下来的洽谈也有好处；对于比较难缠或者故意刁难的客户，谈判的座位不必安排得很舒适，选用一般的会议室，桌子不必很大，椅子也不必特别好，既体现我们的待客之道，又不会显得过于冷落对方。

另外当我方有两名人员而对方只有一名的时候，我们可以将座位做如下的安排：客户坐在我方主谈判人员的左边，这样方便对方看到我方人员准备的资料。而我方另一人坐在对方的斜对面，在我方主谈判人员洽谈的过程中不时使用肢体语言和面部表情进行配合，来增强我方的说服力，增加谈判成功的可能性。同时要注意客户的座位应该背对门口，减少无关人员的干扰。

虽然座位的安排存在一定的技巧，但更重要的是要时刻留心观察对方微妙的举动，通过判断对方的反应得出合理的分析，从而达到锻炼观察力、分析力的目的。

观察力 锻炼方式·实践的重点
观察我方坐下来时对方的反应

前面提到过在洽谈的场合，如果是我方先坐下来，就要观察对方会选择哪个位子。

相反的，如果对方先坐下来，也可以试着观察我方坐在其正对面时，对方会有什么反应。

就算不是在外面的公司，假设是公司内部会议或部门同事一起用餐时，坐在主管正对面并观察对方的反应，也可以作为训练观察力的练习。

分析力 锻炼方式·实践的重点
尝试分析各种模式并加以验证

在洽谈席中，如果我方先坐下来，对方随后坐在我方正对面的话，可以推测对方信赖我方，或是想与我方建立信赖关系。

若对方坐在离座位稍远的斜前方，也可以推测对方不信赖我方，或是不想与我方建立信赖关系。

经常比较这些预测与洽谈结果并验证是否相符，这样就能够训练分析力。

当对方已经坐下来时，我方随后坐在正对面，观察这样的洽谈结果是否顺利。

另外，也可以尝试其他的模式。例如，两人坐在桌子相邻的两边，视情况也可以尝试并肩而坐，比较这两种坐法的洽谈结果与面对面坐的洽谈结果有何不同。如此就能够更正确地分析座位安排与双方亲密程度的关系了。

恕我冒昧来为各位做个总结

看透对方内心，
取得领先地位

若是我方先入座的洽谈场合，座位的安排权就只能交给对方。不过，如果对方先就座的话，立刻坐在对方正对面或接近的位子，应该能够让对方产生亲近感。

坐在正对面或附近的座位，方便掌握对方的情绪。

借由坐在容易产生亲近感的位子来促使洽谈成功，这就是所谓观察力的应用技巧。

从对方点的饮料
推测洽谈的成功率

点咖啡代表成功，点柳橙汁表示失败，有这样的说法吗？

由于每个人的喜好不同，无法单从对方点的饮料判断，关键在于"模仿"二字。

你点的饮料与对方不同吗

不知各位有没有过这样的经验？与客人约在咖啡馆里洽谈生意，点饮料时，我方先选好饮料，结果对方也点相同的饮料。

当然，这可能只是双方想喝的饮料正好一样。特别是咖啡，经常是大家都会点选的饮品。

虽然也可能是巧合，不过搞不好这也是对方想与我方接近，想与我方建立良好关系，而在无意识中透露出来的信息。

与对方点一样的饮料是想建立信赖关系吗

心理学有一个名词叫作"镜像效应"（Mirror Effect）。简单说就是像照镜子一样模仿对方的行为或动作，以获得共鸣，借以建立信赖关系。点相同的饮料也可以视为对方无意识中的镜像效应行为。

前辈教我们招待客人时要点跟对方相同的餐点（饮料），这是为了通过镜像效应来建立良好的人际关系。

就像我们说"吃同一锅饭"，喝相同饮料、吃相同料理的体验，对于引发对方的共鸣、建立良好人际关系是非常有帮助的。

有一位砂糖公司的总经理来拜访我的雇主。当这位总经理来到我雇主家时，我马上端出该公司生产的砂糖，客人大为感动。可能是因为这样的缘故而谈成了上千万元的生意。

端出同样的饮料

招待客人时，无论是客人还是主人都提供相同的饮料。

因为要端出相同的饮料，所以就故意不问客人想喝什么。

或者依照客人的喜好，主人这边也配合客人喝相同的饮料。

例如，只问客人："请问想喝点什么？"若对方回答"红茶"，就故意不问主人，两人都给红茶。

就像这样，可以利用提供相同饮料的方式让客人产生认同感，借此提高洽谈的成功率，同时也有助于建构人际关系。

观察力 锻炼方式 · 实践的重点
点较特殊的餐点

观察的重点在于，若想看对方是否模仿我方点餐，自己就必须抢先点餐。如果被对方先点了，就无法观察对方有没有模仿我们。

还有一点，那就是选择较特殊的餐点。

前面提到过，如果点咖啡很容易与他人重复，这样就不知道是巧合还是镜像效应。

因此，可以试着点柳橙汁或咖啡欧蕾（一种法式咖啡）等较不一样的饮料，然后观察对方是否会说"我也一样"。

作者的自言自语

为了让客人产生共鸣，无论客人是否需要，我们一定会端出饮料。有人因为宗教信仰的关系不能喝含有咖啡因的饮料，所以要特别注意这点。若不想发生严重失误，事先的调查绝对不能省略。

观察对象不限于共事的人，朋友、情人、伙伴等都可以列入观察对象。

另外，不仅在咖啡馆里，在餐厅点餐时也可以试着观察对方是否会学我方点一样的餐点。

特别是大部分餐厅的餐点通常比饮料更多样化，所以每个人喜欢的餐点也各有不同，因此很少遇到两人刚好点相同的菜色，这样很容易就知道是否为镜像效应。

假设力 锻炼方式·实践的重点
也可以反过来做，自己配合对方来观察对方的反应

如果我方先点餐，对方配合说"我也一样"的话，可以推测对方想与我方靠近、拉拢感情。

反过来，如果与想拉近彼此关系的人约在咖啡馆，或是招待想做成生意的对象时，就要请对方先点餐，然后自己也点相同的餐点。

接着推测我方因为点了相同餐点，所以对方态度变得友善，同时观察对方态度之变化情况。

就像这样，除了观察对方点了什么之外，也要确实体会自己反过来配合对方时会产生什么效果。这也是训练的方法之一。

有关配合对方的镜像效应，以下再补充一点。

其实，配合对方的镜像效应影响深远，这是因为对方会因此而很容易记得"想吃什么""鸡肉咖哩""那我也一样"的对话过程。

特别是在餐厅的数十种餐点中，自己想吃的东西跟对方想吃的一样，除了会产生认同感之外，还会有命运安排的感觉。日

后人际关系的建立可能会更加顺利。

知识补充·常见的咖啡饮品种类

在会见客户时通常会选在咖啡厅等安静的地方见面，那么对于这种场所要选用的饮品就要做一定的了解。下面是常见的咖啡饮品的介绍。将这些知识作为谈话的资料在会见客户时使用，也能有效拉近与客户的距离。

意式特浓（Espresso）： 简单来说意式特浓就是用咖啡机在短时间内将压缩的蒸汽和咖啡粉混合得到的浓缩咖啡，它是所有咖啡馆的必备，也是其他咖啡的基础。一般一份有 30 毫升左右，味道特别苦，表面还会有一层油脂。浓缩咖啡会通常和一杯清水同上。因为这种咖啡很苦，所以一般来说点这种咖啡的人要么是纯粹的咖啡爱好者，想品尝咖啡最原始的滋味；要么是太困了需要提神。

美式咖啡（Americano）： 很多咖啡馆的当日咖啡就是美式咖啡，一般来说是咖啡馆最便宜的一种咖啡了。这种咖啡就是在一小份浓缩咖啡的基础上加上两份的水。它的味道比较淡，颜色也浅。

玛奇朵（Macchiato）： 又叫"玛奇雅朵"。这种咖啡就是在浓缩咖啡中加入几勺奶泡（牛奶中的脂肪），它既有咖啡浓烈的味道也有奶泡的细腻。星巴克还在此基础上独创了"焦糖玛奇朵"，就是在原来的基础上加上香草糖浆再覆盖上一层焦糖，具有丰富的口感。

拿铁（Latte）： 拿铁是浓缩咖啡与牛奶的经典混合，就是先加入少量的浓缩咖啡再加入大量的牛奶和一部分奶泡，最上面是浓密的泡沫。熟练的咖啡师还会在奶泡上做出各样的图案。拿铁咖啡在中国很受欢迎，性价比很高。好的拿铁咖啡中咖啡味、奶味都很足，非常适合会谈时选择。

卡布奇诺（Cappuccino）： 卡布奇诺和拿铁咖啡的成分一样，也是浓缩咖啡、牛奶和奶泡。不同之处在于卡布奇诺奶泡要比牛奶多，拿铁则是牛奶比奶泡更多一些。

相同价位的卡布奇诺通常要比拿铁杯子小一些，但它的咖啡味更浓郁。卡布奇诺非常受女生的青睐，所以在和女性客户会面的时候不妨选择它。

摩卡（Mocha）： 摩卡咖啡的配料比较多，在浓缩咖啡和牛奶的基础上还会放鲜奶油和巧克力酱，或者再撒上可可粉，具有十分丰富的口感。通常价格比较高一些，也比较大杯。

以上就是几种常见的咖啡饮品的种类，了解了这些，在与客户会谈的时候就可以选择合适的咖啡饮品，同时也可以为非正式的聊天内容起到增进彼此间感情的作用。

恕我冒昧来为各位做个总结

若想拉近彼此间的感情，
就算勉强也要
"吃同一锅饭"

吃同一锅饭本来有生死与共的革命情感的含意。不过，"与对方吃同一锅饭"这部分在产生共鸣方面完全适用。

如果我方点了与对方相同的餐点，不仅能够锻炼观察技巧，也容易增进彼此间的人际关系。

重点是因为对方会一直记得我方的配合啊。

分析力

举例确认谈话内容

"若要比喻的话，我的薪水就像是新手搞笑艺人一样。"是这样吗？

感觉有点不一样……总之，就是要举一个符合自己与对方想象画面的具体例子。

【注】："鲑"与"酒"的日语发音相同。

用具体案例和转述拉近双方的认知差距

如果以抽象方式说话，自己与对方所想的很容易有差距。

例如，同事想在高级餐厅招待客户，于是找你讨论。就算他说"高级餐厅"，所指的范围也非常广泛。有那种在摩天大楼最顶楼的餐厅，也有那种不接待陌生客人、没有招牌的私人会馆。

因此，听到高级餐厅时，要举出具体的餐厅名称确认，例如，"你是指 ×× 大厦里面 ×× 餐厅那种等级的餐厅，还是像 ×× 酒店那样的地方？"通过这样的方式，才能够使双方头脑中的印象达成一致。

如果知道自己认为的高级餐厅是 ×× 餐厅，而对方认为的却是 ×× 酒店的话，自己就会察觉"这个人所谓的高级就是那样的店呀"，如此也能够锻炼分析力。

除了通过举出确切的例子来拉近双方的认知外，我们还可以通过转述的方式来增进双方的沟通。通过转述可以让对方再次确认他们所说的内容。

转述可以确保我们正确地理解这个问题，在你进行了转述之后，提出要求的人会纠正你的转述或者调整他的话，这样你就可以清楚对方想要表达的意思了。

作者的
自言自语

人与人之间的误解很大程度上在于沟通得不够，加上人们认知上的差异，很容易产生误解，所以通过举例子或者转述来缩小双方的认知差异确实是一个不错的办法。

转述一个问题很简单。在你转述的时候你要想想如何回应这个问题。重新表达对方的话，你要把重点放在没有理解的地方，通过转述你可以深入理解对方的话所要表达的意思。

在刚开始进行转述的时候会有些棘手，经常有人向我请教如何进行转述。我们可以试试以下的句式，它们可以帮助开始你的转述："所以你是在说 / 你是在问 ？""你的问题是 / 你的主要意思是 ？"

名人的价值观远不同于一般人

因为工作，我经常会接触价值观完全不同的对象。因此，若想要拉近与对方价值观的差距，必须经常具体询问才行。

名人的价值观，特别是拥有上亿元资产的富豪，其价值观与我们一般人相去甚远，让我们感到惊讶的情况也经常发生。

例如，我的雇主说："我出去走走。"我想："现在在东京，顶多是去箱根（日本著名旅游胜地）吧！"结果原来他指的是去中东的迪拜。

作者的自言自语

下面这个例子就是很典型的教训，幸好事情得到了补救。但是假设一下，如果没有处理好呢？所以把事情问清楚是十分必要的，一定要谨慎仔细才能把事情做得圆满。

若不具体问清楚可能会导致失误

利用举例来确认谈话内容，不仅可以了解对方的价值观，也能够拉近彼此想法的差距。

我曾经因为没有确认清楚而吃了苦头。

公司的某位客户委托了一个案子："三天后有重要的朋友要来日本，请安排可以跟朋友轻松聊天的用餐地点。"

既然说是朋友，表示与客户有交情。与其选择过度正式的用餐环境，不如找个轻松悠闲的环境，就像是去朋友家做客的地方最好。基于这样的考虑，于是订了一家知名饭店所提供的酒席服务。

然后，客户的朋友抵日的前一天，我向客户报告准备情况。结果听到了晴天霹雳的消息。

原来客户的朋友指的是某国的国家元首。而我们完全是照字面客户所说的"朋友"一词，并以自己对于"朋友"的理解进行的准备。

知道个消息之后，我们前面做的准备全部推翻重来。首先，为了安保问题，与安保公司联络，取消饭店的酒席服务，请熟知该国元首口味的知名日本料理店的师傅提供料理服务。

另外，在剩余的极短时间内，一直向许多人求助，发了狂似的安排随行秘书、随从、司机等人休息、餐点、接待等各种事宜。

就像这样，只因为没有具体举例确认"是什么样的朋友"，差点儿造成一个无法弥补的严重失误。从那时起，我们一定会具体举例确认每个事项。

分析力 锻炼方式·实践的重点
练习对象以公司外的人为主

要经常习惯举出具体实例，通过这样的做法了解对方的价值观、认知程度等。

如果练习对象是家人，由于价值观与自己极为接近，所以无法作为练习对象。还有，公司同事也因为拥有类似的价值观，所以也不太适合作为练习对象。

因此，可以利用交易对象、客户等公司外部的人来当作练习对象。

其次要注意的是，词汇的定义或物品名称因人而异，一定要再三确认。

例如，"去游乐园玩吧"。一般的情况下，大部分人都会联想到有云霄飞车等游乐设施的地方吧？

但是对于某些地区，特别是高龄老人而言，"游乐园"指的是住家附近的公园。公园里顶多只有秋千或滑梯而已。

由此可知，不只是地区的差别，连县市、年代的不同也可能产生认知的误差，务必要确认清楚才行。

恕我冒昧来为各位做个总结

价值观差异越大，
越有机会提高分析力

价值观与自己差距越大的对象，越具有分析价值，也越能够作为观察技巧的训练对象。若是工作方面，可以找其他公司的高级主管或不同领域的人；若是私人方面，可以找外国朋友等不同立场、国籍或年龄的人积极交流。

身为职场新人的我以名人为对象，应该是很好的练习方式吧？

与不同价值观的人交流时，千万记得要经常举出具体例子确认。

在高级酒店
模拟主管的内心

在高级酒店可以像主管一样尽情享受啦!

完全不是那么一回事! 在高级酒店, 可以让你了解
主管面对你这种无能下属的心情。

在高级酒店体验主管的心情

"在高级酒店模拟主管的内心"，指员工如果去高级酒店，就会了解管理下属的主管或老板的心情。

在高级酒店里，酒店服务生会开心地陪你聊天，尽情地取悦你、招待你。不过，因为付了很多钱，所以如果觉得服务不周就会让人生气。

这种期待与焦急参半的模式，非常类似工作场合中主管或老板的内心活动。

当然，主管不是直接付钱给下属的人。不过由于主管的审核，薪水或奖金的金额也会随之改变。从这个意义来看，主管与老板的立场也很类似。

还有，主管希望下属能够做出让自己满意的工作成效，或是期待下属达成自己预期的目标。

然而，如果下属没有照着自己的预期工作，或是没有达成既定的目标，主管就会不开心。

总之，通过在高级酒店享受的经验，能够体会公司主管或老板的心情，继而了解"原来请人做事是这么一回事啊，主管一直是这种心情啊"。

作者的自言自语

一旦换位思考，就会得到平时自己得不到的体验。当我们站在一个消费者的立场上时，就会对服务斤斤计较；那么当我们自己在做工作的时候，有没有做好自己分内的事情呢？这是值得我们思考的问题。

一般的上班族就算没有达到主管的期待，也不会遭到解雇。但若是在高级酒店，一旦上次的客户不再点名服务的话，服务生的薪水就会受到影响。万一同样的情况持续发生，甚至可能遭到解雇。因此，酒店里的服务生们都会拼命努力工作。

若是这样分析，可以想见自己主管的压力远比高级酒店老板的压力还要大。

观察力 锻炼方式 · 实践的重点
仔细观察如何让客户满意

"付钱""获得服务""了解主管的心情"是本单元的重点。就算不用勉强自己花钱去高级酒店，也可以试着去按摩店，花钱享受三十分钟的按摩服务，这样也能够锻炼观察力。

另外，有种训练无须自掏腰包。若有机会使用公司的接待费招待客户，就可以顺便借此机会锻炼观察力。

观察重点是看店里的工作人员面对客人时是如何应对的。

员工如何满足客人，如何以无形的服务换取金钱，等等。观察其细微的部分。

只是，比起支付小钱的店家，在付出"有点心痛"的店家观察，更能够训练你产生更多疑问。

站在主管的角度就会反思自己工作的不足，这样对于自己不足的地方就会牢牢地记住，这也是一个反思自己的过程。坚持这样做，自己的工作也会得到很大的进步。

例如，若在高级酒店，内心就会产生种种疑问："光是坐在这里就要花几百元，到底有什么价值呢？""经常来这里喝一杯几百元的酒，到底有什么乐趣呢？"

锻炼方式·实践的重点
以主管的角度观察

进入店里之后，请以主管或老板的角度思考吧！

例如，"如果自己是经营者，这种服务水平根本不值这个价钱。""如果自己是主管，我会希望下属在这个部分多用点心。"等等。

处在这个位置时，除了了解主管的心情之外，还要考虑到其他方面的事情。

其一，就是工作场合自己的工作态度。

"自己是否做出值这个薪水的成绩？""就我所拿到的年收入来看，我对于公司搞不好没有贡献。"或许你会意外发现自己不足的部分。

再者，就是会看到自己公司的影子。

例如在高级酒店中，业绩最好的前10％服务生得到大部分客人的指定，这与公司前10％的业务员包办了大部分的业绩类似。

还有，在高级酒店中，不是所有服务生都能够熟练地服务客人，约有两成的服务生无法炒热场子。在公司也是一样，工作能力差的人也差不多是两成左右。

因为机会难得，所以也请试着观察、分析这部分吧！

恕我冒昧来为各位做个总结

NaN场景

013

在高级酒店模拟主管的内心

如果以主管的立场来看，
自己不足的部分就会铭记在心

在高级酒店花了大把钞票，如果酒店服务生的服务与消费金额相差太远，会让人感到生气。因此，如果反省自己在公司的工作态度，就会明白自己的付出有多么不足了。

即便自己认为在公司里已经付出许多了，但是若以主管的角度来看，就会深切体会到事实并非如此。

我们极少有机会客观地观察自己的工作态度。高级酒店或像我这种执事服务都是非常好的观察机会。

NaN第 2 章　在公司外锻炼"观察力"　99

观察力

在送客的短短数秒之间
听出对方的真心话

我啊，就算见了几十次面，也没听过老师的真心话。

我不是常说"你真笨啊""你这个傻瓜"，这就是我的真心话啊！能在短时间内听出对方真心话的时候，就是告别的时候。

洽谈或讨论之后容易说出真心话

　　这是前往客户或交易对象的公司进行洽谈或讨论时，可以使用的技巧。

　　洽谈或讨论结束后，从会议室或讨论的房间出来时，对方会陪我们一起走到电梯或大厅门口。

　　如果这时直接开口询问在洽谈或讨论场合无法说出口或是难以启齿的问题，对方多半会说出真心话。

　　例如，在洽谈中说明商品时，对方完全不提及商品好坏，只说"请给我们一些时间讨论"，然后就结束洽谈。

　　这时，在前往电梯途中就可以试着询问："不知您觉得刚刚介绍的产品如何？"这么一来，对方就会回答："我们刚好在找这类的产品"，或是"我也不知道，我们也有跟其他公司洽谈"等等。意外地说出真心话。

离开时由于心情放松就容易说漏嘴

　　送客时容易说出真心话的原因是对方忘记了自己的立场。

　　在洽谈或讨论的场合，彼此分别代表自己公司的立场，因此会把自己定位为是代表某某公司的采购部长，而对方则是想从我们这边赚到钱的业务员。

作者的
自言自语

"直觉"变得敏锐的七个诀窍之一：不要休长假。一旦长时间离开工作，要找回原来的敏锐"直觉"，需要花两倍甚至三倍的时间。建议就算要休假，也不要完全脱离工作。

当洽谈或讨论一结束，由于紧张气氛顿时消失而忘记了自己的立场，真心话也会不小心说出口。可以说，这是从工作立场转变为私人立场后，双方的关系会改变的缘故吧。

新闻记者最常利用这个机会。例如，负责跑国会议员的记者，会趁议员在家里心情松懈时出击，问出种种内幕消息。

以身边的例子来说，只要回想一下参加追悼会后，回家途中的情形，就能够明白。

参加追悼会时，可能是因为现场气氛，也可能是因为服装束缚的影响，回家后人的心情就会整个放松。

这时，人们就会不知不觉说出内心话。例如，"那位伯母，还是一样很啰唆啊！""追悼会后提供的餐点，那个寿司真的很好吃啊！"等等。

另外，洽谈结束后准备离开，在前往电梯的途中，也可以说是容易说出真心话的时机。

走路会带来些许放松的效果。而且，在前往电梯的途中，通常都只有两个人，不会有第三者听到，可能也是容易说出真心话的原因之一吧。

作者的
自言自语

"直觉"变得敏锐的七个诀窍之二：从怀疑所有的事情开始。对任何事都先抱着怀疑的眼光，以此养成思考习惯，某种程度上也会看出事情的可信度，如此观察的范围就会更为宽广。如果说出内心的疑惑会带来麻烦，那就把你的怀疑放在脑中。

容易听到对方难以启齿的事情

我们在谈生意时，可以使用这个方法来判断合约是否能签成。

会成为我们客户的人，通常都会雇佣秘书等助理人员。因此，洽谈结束后，这些人会送我们到门口。

送客途中只剩助理与我方两人时，我们就可以试着询问："你觉得你们领导对我们的感觉如何？"

于是有人就会透露："他没有说不，应该会跟你们签约吧！"或者"他交叉双手思考，我看是有点困难"等等。

还有，有时候也可以直接询问客户本人。

例如，假设对方想终止合约，给的理由多半是"不再有需要了"。

不过，如果在告别时询问："可以告诉我真正的理由吗？"对方可能就会说出难以启齿的真正理由。例如，"其实我目前的经济状况有点困难呀""我已经和其他公司签约了"等等。

告别之际，也是对方能够说出这种难以启齿的事情的时间点之一。

观察力 锻炼方式·实践的重点
事先想好要问什么

观察的重点是送客时自己与对方的距离。

如果对方到离开时一直保持近距离，表示对方容易说出真心话。若是步调一致一起走出来，或并肩而走，极有可能说出内心话。

反过来说，如果对方在前面带领着走得很快，请记得他是不会说出真心话的。如果仔细观察，或许就会了解这是"快点回去吧"的意思了。在这样的情况下，就算开口询问也是白费功夫。

洽谈或讨论之后的送客时间不能只是说"今天谢谢你们了"，一定要养成对话、提问的习惯。

如果养成告别时提问的习惯，在工作中也有助于训练观察力。

若想养成这项习惯，诀窍就是事先想好告别时要说的话或想问的问题。

洽谈或讨论不是走出会议室就结束了，而是会延续到送客时间，请抱持这样的认知并加以运用。因为告别之际就是你最后努力的时机。

恕我冒昧来为各位做个总结

告别之际
正是黄金时间

虽然只有几秒到几十秒的时间，但是告别时的送客时间却是听出对方真心话的绝佳时机。如果有效运用，对于工作或提升观察力都有帮助。若想要有效运用，请事先想好说话的内容吧！

我了解洽谈后心情整个放松的感觉。

与对方一起从紧张状态到放松状态，彼此之间会产生共鸣，或许这样也容易说出内心话吧！

分析力

引述他人的意见
表示自己也同意此意见

麻烦你了♡

总经理

ccc

为什么不用自己说的话，而要引用别人的话呢？

你难得会问认真的问题呢。大部分会引用他人意见的情况，是因为不想被别人讨厌，或是对自己没有信心的缘故。

因为自己也认同，所以引用

拒绝别人请求时，有人会引用别人的话，例如"总经理说如何如何"，"主管这么交代我的"，等等。

其实，这个意见不是总经理或主管的意见，而是说话人自己本身的想法。

当然，实际上总经理或主管或许曾经提过这个想法。不过正因为你也赞同，所以才会引用。

基本上，没有人会引用与自己想法不同的意见或自己不认同的事情。

假如自己反对总经理或主管的意见，说出"××认为……"之后，应该会继续加上"不过我自己也是这么想的，所以我也曾经试图说服主管，只是他不听我说的"等理由。

如果没有说出其他理由，那就当成对方自己的想法，这样的判断是不会错的。

引用只是想推卸责任而已

为什么这个时候要特别引用他人的意见呢？简单地说，那是因为如果直接向对方表明"不买""不跟你们做生意"，现场气氛就会变得很尴尬。引用别人的话，就可以把责任推给总经理或

作者的
自言自语

"直觉"变得敏锐的七个诀窍之三：按时间顺序整理事情的演变。面对争执或问题等复杂的状况，如果按照时间顺序归纳整理就能够解决。培养这个习惯，将能够提升你的分析力与假设力。

主管。

因此，拒绝对方时，有人会说"我与高级主管商量过，这件事被驳回"。其实主管反对，等于自己也反对的意思。

在职场上，这种说法不是经常被使用吗？

例如，主管在警告下属时会说"那边的单位跟我提了这件事"，或是"部长这么说了，所以你要好好做"等，借用他人的权威来说出自己的意见。

这也是为了不想被下属讨厌，所以借用部长的权威说出自己的想法。其实最好还是认清楚这其实是主管本人的想法。

名人身边充斥着引用的话语

比起其他工作人员，名人身边的工作人员经常有更多机会引用别人的话。

这是因为名人不是具有某种权威，就是拥有一定的社会地位，所以生活中经常有许多人会仗势欺人。

名人身边的人最常引用的就是"因为 × 总曾经这么说过"，"×× 领导一直都是这样主张的"，等等。

甚至有的代理人也时常会引用老板的话。

我有许多机会与客户的秘书等代理人交涉。他们常常会对

作者的
自言自语

"直觉"变得敏锐的七个诀窍之四：彻底依照使用手册进行。无论是生活习惯或其他事情，遵循使用手册的步骤就会养成观察、分析以及假设力。因此自然地就能够训练敏锐的"直觉"。

我说："我们老板（指我的客户）说你们收取的服务费太高，请降到大约这个价格。"

然而，当我实际询问客户："请问费用要降到多少才好呢？"对方却说："什么？我从来没提过这事情啊。"真是令人哑然失笑。

"好人"与"没有自信的人"通常会引用别人的话

其实，大概有固定几种人会引用他人的说话内容。

第一种类型是被大家视为好人或是看起来像是好人的人。由于不想被任何人讨厌，所以他们会借用别人的意见，把责任推到别人身上。

第二种类型是喜欢名言的人。经常把"松下幸之助这么说""根据乔布斯所说的……""那个彼得·德鲁克的名言中曾经说过这段话"等挂在嘴边。

这证明了这个人对于自己的想法没有信心，也认为自己的说服力不够。明明想说出自己的想法，因为没有自信而无法用自己的语言说出，所以才会引用名人所说的话。

分析力 锻炼方式·实践的重点

将引用的内容视为对方自己的意见，以此为前提对谈

首先，虽说对方引用的是他人的说法，但不见得对方会有其他想法。以此为前提与对方对谈很重要。

反过来说，既然引用了别人的说法，可以认定对方也持相同看法。当然有时候对方自己的意见会与引用内容不同，不过只要对方没有另外说明，则说明两者的意见一致的概率相当高。

如果能够向引用者确认"那个人真的讲过那种事吗",将能更有效地提高分析力。

不过,这不仅在公司外部,就算是在公司内部,也可能很难做到。如果有勇气的话,请一定要挑战看看。

你或许会意外地发现,引用者会视情况做出有利于自己的解释,或是无视上下文,只撷取一段引用。有时候也会发生为了自己的利益而让人产生误解的情况。

政治家的失言风波通常都是这样的情况。

所以不能囫囵吞枣地接受间接信息,有时候必须把这信息视为对方自己的想法,或是向信息来源确认信息的真实性。

恕我冒昧来为各位做个总结

若是借用他人的说话内容，要将其视为引用者自己的想法

一般人不会引用自己反对的意见。因此，就算是别人所说的话，一旦引用，就应该视为引用者自己的意见，以此为前提进行对谈。

这是狐假虎威吧？

只是要注意，并非所有引用他人意见的人都持有相同想法，还有被借用的人也不见得真的说过这些话。

场景 **016** | 通过对方言辞锻炼

观察力　分析力　假设力

从含糊不清回答的部分
看出对方真正的心意

如果对方回答含糊不清，可能脑中有什么坏点子吧？

这样的概率极低，不过也有可能……大致上来说，是因为时机不对，但又不想被对方讨厌，所以回答才会含糊不清。

想隐瞒不利于对方的信息

与对方说话时，如果对方的回答模糊不清，表示一定有什么事情隐瞒着。

假设业务员与某家公司进行洽谈，当产品说明告一段落之后，业务员询问："请问贵公司有考虑其他公司吗？"这时如果对方回答得很含糊："嗯，也不是没有啦！"表示对方没有认真考虑你们公司的产品。

这话怎么说呢？假如对方认真考虑，他们应该就会坦白地说："哎呀，我们也有考虑 A 公司跟 B 公司。"

为什么对方会说出一个模糊的答案呢？那是因为万一被发现公司没有认真考虑，会被讨厌。由于内心总是有不想被讨厌的想法，所以会以含糊的回答隐瞒对对方不利的讯息。

不想被深入了解时，态度会变得含糊

若以自己说出模糊答案的立场来看的话，应该就更容易了解。

假设你现在正考虑购买新车，在 C 公司的汽车展厅里，汽车业务员问你："请问您也有考虑其他公司的车款吗？"如果你是真的考虑买 C 公司的车，你就会老实回答："其实我也在看 D

作者的
自言自语

"直觉"变得敏锐的七个诀窍之五：清楚区分正式场合与非正式场合。如果特意营造非正式场合的气氛，对方就容易说出心里话。通过从正式与非正式场合搜集到的信息进行综合性判断，这样不仅判断结果的可信度高，也能提高分析力。

公司与 E 公司的车。"

但是，当你内心决定购买 D 公司的车而非 C 公司的车时，你的回答应该就会变得含糊不清："哎呀，其实我都会列入考虑，包含进口车也一样。"

为什么在这样的情况下，你的回答会变得含糊不清呢？这是因为你不想让 C 公司的业务员过度干预自己内心的决定，或是说一些 D 公司车的负面信息。

这样你应该就了解了吧？在含糊的回答背后，其实隐藏着真心与真实情况。

有时候不刻意深入探究才是聪明的做法

就算面对的是心腹人员，有时候老板也会说出含糊不清的答案。

这种情况经常发生在安排行程的时候。

例如，时间表安排了"下午要去 × × 的店里"。问题在于"下午"，这样的时间安排太过于含糊。

我们必须确切掌握老板的时间安排才能够完成任务。因此，我们一定会再补问一句："请问大概是几点左右的时间呢？"

作者的
自言自语

"直觉"变得敏锐的七个诀窍之六：时时提醒自己，就算是小事也要进行计划（plan）、行动（do）、检查（check）、处理（action），也就是做到所谓的 PDCA 循环。如果 PDCA 循环做得顺利，就会形成黄金模式，假设力将会不断提升。

然而，我们经常会得到"下午就是下午啦"的答案。

如果你继续穷追不舍："为什么说不出明确的时间呢？您是不是有什么难言之隐？"这样只会让主人更加火冒三丈吧！

像这种时候，刻意装作不知道才是聪明的做法。

深入探究才会了解的事实

这是某位名人客户在建造大楼式住宅时所发生的故事。与建筑公司派来的负责人讨论时，对方说："今天开始进行的工程会产生噪音，请多多包涵。"于是我问对方："针对工程会制造噪音这点，确实跟邻居打过招呼了吗？"

结果对方说："哎呀，只跟一部分邻居说了而已。"当我进一步询问："一部分是指哪部分？"结果对方竟然回答："……其实都还没跟邻居打招呼。"对方回答模糊不清时，意味着另有隐情。这就是其中一个典型的例子。

观察力 锻炼方式·实践的重点
不可漫不经心地听人说话

首先，一定要仔细听人说话，才能听出对方在蒙混什么，或是听出含糊不清的内容。

分析力 锻炼方式·实践的重点
通过各种方式努力看出真相

对于对方含糊的说话内容，有时要穷追到底，有时要以其他方式再问一次，或是隔一阵子再问问看。然后，还要习惯问别人同样的问题。通过这个方式，就会知道"原来是这么一回事"，了解实情的同时提升分析力。

假设力 锻炼方式·实践的重点
掌握含糊背后事实的模式

掌握含糊的说话内容背后所隐藏的真实，如此就会明白"那时无法明确回答，原来就是这个缘故啊"，并获得学习效果。

如果经常努力重复练习，就能够理解对方的行为模式。"这种时候敷衍了事就是为了隐藏内心的真正想法"，假设力也会随之提升。

恕我冒昧来为各位做个总结

暧昧表示重要的
事实被隐藏

有时候是怕说出不利于自己的事情而被讨厌，因此隐瞒事实；有时候是因为感到内疚而敷衍对方；有时候是因为重要信息不能透露，所以不能清楚说明……模糊的说话内容背后总是隐藏着某个事实。与人谈话时先有这样的认识很重要。

是否应该深入追问，这很伤脑筋呢。

确实，每个案例都需要单独讨论。以现实情况来说，不要刻意深入探究是比较聪明的做法，请注意这一点。

场景 **017** | 通过客户
锻炼

三度造访就会
得到对方的真心话

13:00 　　　　13:05 　　　　13:10

如果在第一次拜访时就顺利签订合约，这样不就够了吗？

若是这样，表示你的观察技巧还要多多锻炼才行，而且之后合约也可能会被取消。与客户至少要接触三次以上，就算是通过电话联络也没关系。这点非常重要。

第三次才会听到真心话

对于初次见面的人，我们不太会直接说出真心话。以我的经验来看，一般人大概要到第三次见面才会说出真心话。

为什么是第三次呢？第一次见面时，双方都处于紧张状态，光是要传达给对方的事情，脑子就装满了，所以只说完自己该说的事情，见面就结束了。

第二次见面，还处于观望对方态度的状态。

然后到了第三次见面，双方的关系终于比较融洽，也就容易说出真心话了。通过前面两次的见面了解对方的态度，自己就能够判断"对这个人可以说这些"，知道如何说出真心话。

反过来说，若想听到对方的真心话，就必须见三次面以上。

举例来说，业务员拜访客户时，在第一次见面时会说明想销售的商品／服务。

第二次拜访时，会听取客户对于上次介绍的商品／服务的想法。

然后到了第三次才能够听到对方说："其实由于公司客户的关系，我们只能跟某某公司购买""我是觉得不错，不过主管跟别家厂商有交情……"等内心真实的想法。

作者的自言自语

"直觉"变得敏锐的七个诀窍之七：多花点时间。见面时间越长、次数越多，就越了解对方。这么一来就如同"三次拜访"的效果一样，也能够锻炼"直觉"。

这个方法不仅限于业务场合，在公司内部或私人生活中也非常管用。

对于业务人员而言第三次才能分出胜负

如果第三次还听不到对方的真心话，请把自己放在买方的立场思考。

例如，想买新车，当汽车业务员不断追问"您觉得如何"，"您试乘之后的感觉如何"，这时如果一开始就能够直接了当地表明"我一点都不喜欢"，表明你的气场够强。

大部分的人通常在第一次、第二次时都还有所忌讳，到了第三次就很想说出自己真正的想法了。

另一方面，从业务员的角度来看，如果客户到了第二次还不能做决定的话，通常第三次以后就会一直挑毛病而变得很棘手。

只是，像保险这种万一对方解约就很麻烦的商品／服务，最好要努力三次以上，让客户切实了解保险内容比较好。

见面三次以上提高满意度

我们公司也是一样，在签订合约之前都会拜访客户三次以上。

作者的自言自语

人和人之间只有熟悉了，很多话才能说得出来，这就是多次拜访客户的目的所在。一是可以增强客户对自己的印象，二是能体现自己的诚恳态度，从而得到客户的真心话。

制造见面的机会就是请客户做问卷调查。

我们公司对于提供服务的客户，会在服务结束之后进行问卷调查。

在客户家中直接询问时，有时候客户会说出内心的想法，例如"其实我希望你们更加强这方面的工作"。

以前我总以为无法让客户满意，是我自己的能力不足。而在进行问卷调查时才发现，拜访次数少的客户大部分会感到不满意。

只委托一天的服务或规模小的业务，特别容易发生这种情况。我们公司刚成立时，提供服务前都只跟客户讨论一次。

后来公司决定，无论如何都要拜访三次以上才签订合约，客户的满意度从此骤升。

名人的真心话也会在第三次才说出来

名人客户也是一样，如果不频繁拜访就不会说出心里话。

例如，与客户商约提供接送与照顾小朋友的服务。

签约之前当然会经常拜访，签约后到正式提供服务之间，我们也制造好几次机会登门拜访。

这时客户就说出心里话了。

"虽然签约时没有提到，不过除了小孩之外，也希望你们能够接送我高龄的父母。还有，其实我们跟邻居有点不愉快，要麻烦你们帮我处理一下。"

这就是最开始没有说出口，不过登门拜访好几次之后，就会说出真心话的典型案例。

编出拜访的理由

以对方在第一、第二次见面时，都不会说出真正的想法为前提，与对方见面、谈话。因此要假设第一次、第二次见面时听到的都不是真心话，并分析对方说话的内容。

锻炼方法是，试着与同一家公司、同一个客户讨论三次以上。

经常看到有人因为第一次拜访就拿到生意而兴奋不已，接下来就忘记持续拜访了。就算是无法直接见面，也要打电话联络。总之，与对方接触三次以上非常重要。

当联络三次以上而听到对方吐露真心话时，这样的成功体验将会刻印在你的内心。通过不断重复练习，最后就能培养你的观察力。

只是，因为对象的不同，也有人对于来访好几次感到困扰。

若不想给人难缠的印象，就不能进行无意义的拜访，一定要编出一些理由才行。

例如岁末年终的拜年、中秋节的祝贺等，都可以。就算是极短的见面时间，对方也会在见面时不经意地说出心里话。

若是业务员，可以编一个对对方有好处的借口登门拜访，例如"我们公司这次制作了一个新奇的产品，想带过去给您看看"等。

最佳做法就是有意在第一次见面时留下一份作业，例如应该说的事情故意忍住不说。更好的做法是从对方那边得到一份作业。

例如，如果对方提问："假设我没有另一半，我过世之后的保险金会给谁？"就算你知道答案，你也可以回答："这个就当是我的作业，我回去查一下。"由于这是对方交代的作业，下次对方就不可能不跟你见面。

假设力 锻炼方式·实践的重点
记住，只见面一两次，对方是不会说出心里话的

与分析力一样，无论是洽谈或讨论的场合，第一次或第二次见面时，对方不会说出真心话。以此为前提建立假设很重要。通过不断地重复练习，就能够逐渐锻炼观察力。

恕我冒昧来为各位做个总结

第三次才会坦白说出真心话，
第三次的接触才是重点

初次见面的对象不会说出真心话，以此为前提，进行三次以上的接触很重要。虽说已经见过一两次面，但也不能认为自己已经了解对方。

意思是前两次见面，对方说的话不能照单全收吧？

通常第三次以后才会说出真心话。以此为前提，分析对方所说的话，并建立假设，熟练之后就会被视为"直觉"敏锐的人。

第 3 章

在外出地点锻炼
"观察力"

场景 **018** | 通过餐具
锻炼

 观察力   分析力   假设力

从餐具了解
住户的性格

 如果对餐具的喜好或是咖啡杯组的选择特别异于常人，马上就可以了解住户的性格。

如果对餐具的喜好或是咖啡杯组的选择特别异于常
人，马上就可以了解住户的性格。

这只是单纯的品味问题而已。想象这户人家的成员如
何使用这些餐具，才能逐渐看出全家人的性格。

使用高级餐具的家庭，家里的女性行为稳重大方

使用高级餐具的家庭，其家人的行为举止也多半优雅稳重。

为什么呢？因为高级餐具容易损坏。餐具又贵又容易损坏，拿取时自然就会小心，行为也就变得优雅起来了。

而且这样的倾向特别容易出现在女性身上。

由于餐具是每天会用的东西，所以平常的行为举止都会小心且温柔。若习惯这样的举止，最后连性格也会变得温柔。

我们经常说"行为改变性格"。很奇妙的行为也会改变内心。事实上，使用高级餐具的家庭，家中的女性多半都具有稳重大方的性格。

让小朋友使用高级餐具的名人

为什么我会察觉这件事呢？那是因为有位客户故意让自己的孩子使用容易损坏的高级餐具，让我开始关注这件事。

"让小朋友用这么高级的餐具好吗？"当时我提出这个问题。客户回答："我是有意让他用的。"

他的理由是："就是要让孩子使用容易损坏的东西，这样他们才能够学会餐桌礼仪，吃饭时也才会用心对待食物。"

人的行为举止很多时候也能从对待物品的行为上看出来。举止是否优雅一方面和家庭的教养有关，一方面和使用的物品价格高低有关。这就是我们所说的，行为改变性格。

名人们不仅讲究餐具，对于玩具的要求标准也很高。例如，比起便宜且坚固耐用的塑料玩具，他们倾向于给小孩买具有光滑触感的木制积木。

故意给孩子使用昂贵的物品，这是名人采取的独特教育方法。

发现餐具与动作的关系

在听到名人让孩子使用昂贵餐具的理由之后，我开始注意餐具与人的行为举止之间的关系。

后来，我就会经常借机观察使用餐具者的行为，发现客户的动作有时温柔，有时粗鲁。

更进一步仔细观察，我发现这好像不是因为心情的影响所致，而是使用不同餐具，就会做出不同的举动。

例如，使用昂贵的红茶杯组时，他们会尽量轻轻地将红茶杯放在盘子上。

还有，这种行为的差异，女性比男性更明显。

不管红茶杯组的好坏，红茶的味道都一样。但是，由于是用高级杯组喝茶，女性的行为就会变得优雅，甚至也能够享受悠闲的气氛。

作者的自言自语

人对待物品的态度也能反映一个人的心情，这也是一个观察的角度。所以一方面我们要想想自己有没有做到，一方面要观察对方有没有做到。要时刻留心，处处留意。

便宜餐具塑造粗暴的性格

昂贵而容易损坏的餐具能塑造优雅的举止、稳重的性格。

反过来说也是一样。若使用便宜餐具，因为就算毁损了，也可以重新买或是摔了也不容易坏，人们在使用时举止就会变得粗鲁。

如果平常经常使用这类物品，就会形成粗鲁的性格。

以身边的例子来说明餐具与行为的关系的话，请想想喝酒用的玻璃杯吧。

用饮料公司送的印有公司标志的杯子喝酒，以及用薄玻璃制成的昂贵酒杯喝酒，使用者的行为举止就会有所不同了吧?

知识补充·餐桌上应注意的礼仪

除了不同价格的餐具会给我们的行为和性格带来一些改变之外，我们也应该注意在参加宴会时的餐桌礼仪。而这同样是一个观察的机会。首先需要掌握这些知识，其次再进行应用。

当我们在宴请客人的时候，订餐厅时选择的地点要方便大家出行，点菜的时候要考虑并且照顾到客人的口味。安排舒服的座位，细节方面要考虑周到。一位礼仪师说，她的母亲从小教育她，在请人赴宴的时候，要留心注意客人的吃饭速度，在客人吃完之前不能放下筷子。因为主人一放下筷子，客人也就不好意思继续吃下去了。待客之道体现在每个细微的地方。

礼仪并不等同于规矩。我们在参加饭局的时候常常会说按照规矩一定要如何如何，有时候过多的规矩往往破坏用餐的气氛。一次日本著名歌唱家藤原义江请别人吃西餐，客人说了一句:"用刀叉真是太麻烦了。"一向使用刀叉吃西餐的藤原马上给客人换了筷子，并且说："我也不习惯用刀叉。"藤原先生说："所谓礼仪，绝对不是遵守规矩，一点也不懂得变通。只有让对方感到舒服才是最好的礼仪。"

用餐时应注意的礼仪：入座的时候要请客人坐上席。先请长者入座，等长者坐下后，其他人再入座。有女士参加的宴席要等女士入座后再坐下。离开的时候要给邻座的长者或女士托座位，方便对方起身。入座时要注意从椅子左边坐下，坐下后不要动筷子，不要制造出其他响动，也不要随便起身离开。

用餐的时候不要发出声音，喝汤的时候也不能弄出声响，用汤勺小口地喝，尽量不要把碗端到嘴边喝。汤太热的时候就等凉了以后再喝，不要一边吹一边喝。有的人喜欢吃饭的时候发出声音，这是不合礼仪要求的。一定要注意避免这种情况的发生。

用餐的时候不要打嗝，也不要出现其他的声音，如果出现打喷嚏、打嗝等声响的时候，要说一声"不好意思"之类的话来表示歉意。

用餐的时候先请客人中的年长者动筷子。自己夹菜的时候量要少一些，距离自己太远的菜一般不要站起身来去夹，等菜品距离近的时候再动筷子。当给客人或长辈布菜的时候，应使用公筷，也可以把离客人比较远的菜端到他们跟前。因为菜是一道一道上的，每当上来一个新的菜品的时候要请客人、领导或者长者先动筷子，以表示对他们的尊敬。

在参加宴会的时候要明确用餐的目的，是要谈生意，还是联络感情，或者只是吃饭。如果是洽谈生意，安排座位的时候就要让客户和我方主要人员靠得近一些，方便交谈也利于增进感情。如果是单纯吃饭只要注意下一般的礼节就可以了，重点是聊天和品尝美食。

以上就是我们在参加宴会时应该注意的一些礼仪，要随时保持观察将这些知识进行实际的操作，这样才有利于锻炼敏锐的观察力。

观察力 锻炼方式·实践的重点
通过昂贵的东西与便宜的东西观察行为举止

能够观察的不是只有餐具而已。

例如，第一章中锻炼观察力项目介绍的文具。使用几块钱的圆珠笔写字时会带有笔劲，但使用高级钢笔写字时就会小心翼翼。

总之，只要看观察对象使用同类物品时，对待昂贵物品与便宜物品的行为是否有差异就可以了。

分析力 锻炼方式·实践的重点
习惯分析对方使用物品时的心情

习惯地联系并思考使用物品的人与其心情，经常这么做将有助于培养分析力。

试着从书写方式来分析对方的心情与想法。例如，推测同一个人使用昂贵文具时"可能是小心翼翼"；而使用便宜文具时，"可能觉得再怎么浪费墨水也无所谓"。

也可以试着想想女朋友在快餐店喝饮料，与在饭店咖啡座喝咖啡时的心理落差等，什么样的状况都可以观察与分析。

锻炼方式·实践的重点

建立假设并亲自验证

从训练方法的角度来看的话，也可以采用建立假设后亲自验证的方法。

举例来说，想要平复内心的纷扰，让情绪稳定下来时，使用高级杯组喝茶，内心就会平静下来吧。你可以试着更换餐具验证是否如此。

恕我冒昧来为各位做个总结

使用的东西不同，
人的性格也会改变

就算是相同功能的物品，人们对待昂贵物品与便宜物品的态度也不一样。由于使用态度改变，性格也会跟着改变。人们经常说"握了方向盘就变了个人"，也是同样的心理作用吧。

确实。如果使用昂贵的笔，我也会想把字写得漂亮一点儿。

尝试使用对自己而言很奢侈的物品，你可以通过这样的方式改变自己行为举止。而为了配合这样的行为，你的性格也会变得稳重优雅。

场景 **019** | 通过厨房
锻炼

观察力   分析力

从冰箱储存物了解
这户人家的健康状况

确实，如果冰箱里面脏乱，很容易引发疾病。

你好像搞错我的意思了。我在这里要强调的不是干净
与否，而是冰箱里塞满食物的程度。

冰箱里塞满食物最不健康

因为工作的关系，我经常得开客户家的冰箱。

截至目前，我已经见过几十位客户家里的冰箱，从中我察觉到了一件事。

那就是，如果整个家族都有肥胖现象，不用说，这户人家的冰箱里一定是堆满了不必要的食物。

肥胖或许是家族遗传的原因，不过，冰箱内塞满了怎么看都不可能在一星期内吃完的食物，这个家庭的成员通常不是有肥胖现象，就是有慢性病，这是不争的事实。

反过来说，成员身体明显健康的家庭，其冰箱内只会储存少量的食物。

库存太多就会吃下不必要的食物

一般的家庭经常因为"大量采购比较便宜，所以就多买了"，"只有周末才有时间购物，所以必须多买一些储存"等理由，而把冰箱塞得满满的。

如果冰箱里塞满了食物，表示随时都能够吃到许多东西。

也就是说，这户人家的饮食会变得毫无节制。

作者的
自言自语

当我们去朋友家中的时候，就可以观察是否出现了上述的情况。如果有的话，我们可以提醒朋友注意自己的身体，既表现出你对朋友的关心，也可以增进朋友之间的感情。

而且，如果冰箱里有许多库存时，内心就会产生想把库存清理掉的欲望，这样也会出现浪费食物的现象。

仔细想想，因为价格划算而多买了许多食物，但是身体却因此变得不健康而增加医药费，总体来说，这样花的钱可能更多。

目光所及之处是否有食物

不只是冰箱理，在冰箱以外的地方是否能看到食物，也能判断这户人家的健康程度。

目光所及之处食物越多，越可能伸手就拿来吃，因此肥胖的概率也越高。

反过来说，健康的家庭不会在家里随处放吃的东西。如果不放食物，手就不会乱拿，自然就能够控制吃进嘴里的东西。

健康的家庭会有计划地摄取食物

我的一位客户全家都有糖尿病，连还是学生的小朋友也不例外。这个家庭的冰箱确实经常塞得满满的。

特别是在百货公司地下美食街买的家常菜、甜点等，感觉不买一些随时可以入口的食物就会不舒服。

作者的
自言自语

除了看别人有没有出现冰箱储物过多的情况外，我们自己也要注意，工作忙就一次购买太多食物，然后又因为食物保质期的原因，仓促地处理掉，这样真的不是健康的生活方式。所以自己也要注意改正。

这种家庭的环境就像餐馆一样，任何人任何时候来都没关系，随时都有东西可以吃。

然而，有计划地摄取食物的名人就会拟订计划，例如，"明天有客人要来，所以让家里做这个，够吃就好"，"从知名餐厅订购这些量吧"等等。

健康的名人客户中，也有家里没有冰箱的。

"这样难道不会觉得不方便吗？"当我这么询问时，客户说："想吃冷的或热的，直接请外卖送来就好，然后把吃剩的丢掉，这样就不需要冰箱了。"

就算是口渴时，"请家里的厨师榨一杯柠檬汁就好了"，"因为可以忍耐，等等再喝好了"。所以变成了真正想喝时才喝。这样反而是有益健康的。

观察力 锻炼方式·实践的重点
经常检视冰箱的尺寸或内部状况

实践的重点是，如果在别人家的话，一定要请对方让你看冰箱。

不过，请别人让你看冰箱，这需要一点勇气吧？毕竟"请让我看看冰箱"这种话是难以启齿的。如果是这种情况的话，那么单看冰箱大小也是能够确认的。

冰箱的尺寸大代表食物的库存量多。从积存大量食物的情况，就可以分析这家人可能有肥胖或其他慢性病等情况。

不只是冰箱，有时也要检查冰箱以外的其他地方是否有放食物。

习惯分析冰箱与体型的关系

如果习惯观察冰箱尺寸或内部，以及目光所及之处是否存放食物等，再联系住户的体型，并分析两者之间的关系，将有助于训练观察技巧。

恕我冒昧来为各位做个总结

体重与冰箱大小
成正比

大部分的家庭会根据冰箱大小塞入适量的食物。因此，拥有大冰箱的人家就会积存大量的食物，这样很容易因为吃下过多的食物而造成肥胖。

冰箱的尺寸与健康程度，好像真的有关系呢！我明白了。

总之，从冰箱大小与储存物多少，就能够推测这个家庭是不是毫无节制地吃东西。

观察力
 分析力
 假设力

通过卫生纸质量了解
用户目前经济的宽裕程度

 听说有钱人都用百元大钞擦屁股，经济不好时会不会改用十元钞票呢？

怎么可能有这种事？抱歉，我太激动了。事情不是这样的，但卫生纸确实很容易显现这个家庭"目前"的经济状况。

因为是经常需要补充的用品，所以看得出"目前"的经济状况

厕所里使用的卫生纸是用了就没有的消耗品。能够花钱在这种用了就没有的东西上，可以看出这个家庭的经济还蛮宽裕的。

当然，光是看房子本身，也能够推测这个家庭的经济状况。

不过，房子只能看出购买或建造时的经济能力。也就是只能了解几年前或几十年前购买或建造房子时的经济状况，但是看不出目前的经济宽裕程度。

针对这点，像卫生纸这类的消耗品，由于经常需要补充，所以从质量上就看得出这个家庭"目前"的经济状况。

而且，卫生纸是最容易受到经济状况影响的用品。理由是，就算质量稍差一点儿也不会影响生活，而且别人也很难发现自己家里的经济状况。

受到金融风暴的影响，名人也会降低生活质量

卫生纸的质量差异很大。如果纸浆的质量过于低劣，很容易会掉出很多纸屑。但如果卫生纸的质量好，不仅擦起来感觉柔软不伤害肌肤，还有素雅的花样与清香的味道。

作者的
自言自语

对于像卫生纸这样的生活用品，你是否在意它品质的高低呢？可能一般人们不会有意识地去考虑这个问题。那现在我们就可以想一想自己使用什么品质和种类的卫生纸，去朋友家里的时候也留心观察一下，或许能看出一些信息呢。

虽然最多只有几十元的差别，不过我也切实感受到，就算是我们的客户，也会因为经济因素而影响卫生纸的质量。

我负责管理客户的别墅时，主人曾经吩咐"卫生纸的质量再降低一点儿没关系"。而主人做出这样的指示时，刚好就是发生"雷曼兄弟金融风暴"的时候。

还有，也有客户会把自己公司的卫生纸带回家里使用。

连拥有上千万资产的富豪，对于卫生纸也会很吝啬。

高级饭店与旅馆的卫生纸质量出乎意料地差

从卫生纸质量了解用户目前的经济状况，这种观察方法不局限于个人的住处。

公司、店家或是百货公司等，只要有卫生间的地方都可以一并作为观察对象。

例如饭店或旅馆。

令人意想不到的是，被称为高级饭店、高级旅馆的地方，也会使用质量较差的卫生纸。

为什么卫生纸的质量容易被降低呢？我认为有两大理由。

第一个理由很单纯，由于卫生纸是易耗品，欲节省经费时，首先就会想到以便宜的低质品代替。

作者的
自言自语

经常出差在外住旅馆的人对于这个问题可能感受更深，好的旅馆会在这样的细节上用心，而一般的旅店就会使用品质差的卫生纸。不仅是卫生纸，想一想旅店里的其他一次性物品，是不是也是如此？

第二，客户不容易察觉质量降低。

例如，虽然同样是易耗品，不过客户比较在意饭店准备的洗发液或沐浴乳的质量。虽然每个人讲究的东西不同，不过比起洗发液，降低卫生纸质量较不容易被察觉。

观察力·分析力 锻炼方式·实践的重点
要仔细分析豪华的建筑物

除了别人的住处之外，公司、商店或是饭店也都可以是观察的对象。

例如，若是在朋友家发现"朋友明明很慷慨大方，但是卫生纸的质量却不好"的情况，就可以把个人（这里就是"大方的朋友"）的情况转换为团体或公司（这里就是"百货公司"），如"虽然使用华丽的广告牌做广告，但是卖的卫生纸的质量却很差"。

总之，如果有机会使用外面的厕所，请一定要检查一下他们的卫生纸质量。就算男性只是使用小便斗小解，也要习惯瞄一下马桶间里的情况。

这将是训练观察力的第一步。

另外，分析时要注意别被建筑物的外观或豪华的装潢欺骗。

如前所述，就算建筑物或装潢极为豪华，那也是几年或几十年前的财力状况。这里的主题是分析用户目前的经济状况与能力。

持续锻炼自己的假设力

所谓假设力，就比如看到一家公司的卫生纸质量不好，可以推测："这家公司的财务状况不是很好吧。搞不好那个畅销商品人气已过，要开始走下坡路了。"

习惯进行假设之后，就可以更进一步推测未来状况。

例如，"这家旅馆已经开始使用质量差的卫生纸了，服务质量也开始下降，这么一来，客人或许就逐渐不再光顾"，或是"这家餐厅使用质量好的卫生纸，所以各项细节应该都照顾得到。看来餐厅的料理应该也值得期待吧"。

就像这样，如果能够试着进一步预测未来，就能够锻炼假设力。

恕我冒昧来为各位做个总结

卫生纸说明了
用户目前的经济状况

经济状况变差时，最先削减成本的对象就是卫生纸。因此，卫生纸的质量如实地反映了对方家里、拜访的公司、餐厅或是饭店等地方"目前"的经济状况。

这么说来，附近的车站可能是使用的人太少，卫生纸真是非常薄呢。

虽说无法完全涵盖所有的状况，不过卫生纸质量与用户目前的经济状况相关性最高，也是不争的事实。请一定要认真观察。

观察力　分析力

从玄关了解屋主的
经济状况与性格

从玄关可能能看出是不是有钱人，不过连性格也看得
出来吗？

或许无法深入了解细微的部分，不过大致上可以掌握
屋主的性格。

是否摆满昂贵奢华的装饰品

玄关是客人从外面进到室内首先映入眼帘的地方，所以屋主当然希望玄关带给客人好印象。

确实有人会在玄关摆满昂贵的花瓶、动物皮毛或是垂吊水晶灯等，把屋子装潢得光彩夺目。

把昂贵的东西摆在玄关炫耀，其实是相当危险的做法。心怀不轨的人在玄关发现昂贵的物品，或许就会心生邪念——"下次就来偷这个吧"。

宁可冒险也要把昂贵的东西放在玄关，可见屋主是非常想让别人知道他是有钱人吧。这种行为强烈地呈现了屋主的虚荣心。

家里有豪华玄关的人不会说出真心话

我与客户签订服务契约之前，必须经常前往客户家中说明服务内容。因此，到目前为止，我看过许多名人家的玄关。

这样的经验，让我对于拥有豪华玄关的人总是会抱持怀疑态度。明明没那么有钱，为什么却那么想让别人觉得他很富有？无谓的装饰反而让人联想到他其实并没有那么有钱的真相。

不只是经济状况，玄关也在某种程度上显示了屋主的性格。

作者的自言自语

豪华的玄关一方面显示了屋主雄厚的财力，另一方面也确实在一定程度上显示出屋主有爱慕虚荣、喜欢炫耀的心态。所以当我们去拜访别人家的时候不妨也注意一下这里，从中推测屋主性格，看看自己的推测是否准确。

大肆装饰玄关，意味着不想让别人看出家里真正的情况，也可以说是为了充门面。

住在这种房子里的人较为虚荣，通常也不会说出真心话。

大家都说第一印象往往能呈现一个人的本质。玄关正是外人对这个房子住户的第一印象。而且大多数在玄关所得到的印象，都能准确推测出屋主的性格。

真正的名人始终追求简洁设计

以我的经验来看，真正的富豪不会特地冒着风险来突显自己的富有。

相反，他们倾向于尽量规避风险。自然地，他们的玄关也会尽量设计得简单一些。

因此，第一次洽谈而登门拜访时，若看到简单的玄关，我就会松一口气。因为拥有简单玄关的客户多半能够让我们安心服务，也多半是能够长久合作的客户。

观察力 锻炼方式·实践的重点
从居家的玄关或公司的前台锻炼观察力

如果试着观察别家公司的前台，也能够锻炼自己的观察技

作者的自言自语

去拜访别人家的时候可以注意玄关的装饰程度。同样的，在去一家公司的时候，我们也可以观察前台装修的豪华程度和接待的态度。这家公司的潜质如何也可以从前台的这两个方面看出一二。

巧。前台是客人从外面进来最先看到的地方，从这层意义来说，前台的性质与居家玄关完全相同。

这家公司是否做了过多无谓的豪华装饰，宽广的门厅是否与公司的规模不相符，前台的接待人员是否都是美女，等等。

除了外观之外，前台的接待方式与流程也应该用心观察看看。

明明事先已经预约拜访，却还要求你写申请表？告知前台拜访对象与拜访目的后，还让你站着等待？原则上，前台大厅应该准备访客椅，且应随时检查是否确实摆放。

例如，虽然最近已经很少看到，不过现在确定还是有金融机构的前台员工是坐着办公，而让客户站着等待的。

如果仔细观察就可以看出，员工是直接让客户站着等待，还是立刻说"请坐"让客户坐着等待，以免让客户产生不舒服的感觉。

分析力 锻炼方式·实践的重点
验证玄关与对住户印象的关联性

简洁玄关可以不用过度在意。不过如果玄关净是些豪华装饰，或摆放一些想呈现给人看的东西时，请试着照以下的方式做做看。

由于放在玄关的东西就是想让人看、让人摸的，所以试着谈论摆放在玄关的物品。如果这样就能马上进入话题的话，可以分析出对方是虚荣心强而且不会轻易说出真心话的人。

接着验证对于玄关的第一印象与对屋主的第一印象是否相

符。不断重复前面的步骤，将能够训练分析力。

　　若是公司的前台让客户站着等待，让客户填写申请表，或是客户都已经开始排队了还是毫不在意地让客户等待的话，可以推测这家公司的作风不太重视客户。

　　接待大厅既宽敞又有无谓的奢华装饰，接待人员一字排开都是美女，等等，可以推测这家公司的商品/服务卖得可能比一般行情要贵。这样的公司通常都难以长久合作。

恕我冒昧来为各位做个总结

玄关说明了
住户的正反两面

在玄关处得到的印象，通常代表了屋主的性格。另一方面，如果玄关摆放昂贵的物品，一般人有可能会被这样的假象骗了，以为这户人家是"真正的富豪"。观察时千万要注意这点。

第一印象很重要，不过一定要小心别被第一印象给骗了。

仔细观察，并在两者之间取得平衡非常重要。

观察力　分析力　假设力

通过书架上摆放的书籍
了解对方关注的话题

 我家的书架上一本书也没有，反而是放了许多绿色植物以放松身心。

……就算跟你说你可能也不懂。通常情况下，书架上都会摆放与主人的主张相关的书籍。

书架充满着屋主的想法

书架一定会反映主人想宣扬的主张，或是想说给别人听的话题。

例如，如果是电影迷，书架上可能就陈列了几十年来持续订购的电影杂志，或一直以来搜集的海报。若是偶像"粉丝"，书架上一定摆满了偶像的写真集吧！

现在可能很少看到了，以前有许多家庭都会在客厅摆放一套百科全书，借此向客人显示"我们家是具有人文气息的家庭"。

以现在的风气来说，或许就像是在书架上摆放一些连读也不读的外文书的感觉。总之，这些书都是主人用来炫耀的装饰品。

摆放在书架上的书都是为了展示给别人看的。也就是说，屋主希望别人看到这些书，继而接触、谈论相关话题。

因此，一旦客人触及书架上某本书的话题，主人一定会感到非常开心。

更进一步来说，书架上通常只会放一些主人希望客人作为话题谈论的书。

作者的
自言自语

从一个人书架上摆放的书也可以看出一个人的性格。排除装饰的因素，书架上一般摆放的书都是主人喜欢阅读的。我们因此可以从他喜欢阅读的书来推测他的性格。一般来说，喜欢读历史、文学类书籍的人比较有内涵。

无论如何，屋主绝不会在书架上放一些会产生负面印象的书，或是不想谈论话题的书。因为屋主不会把不想谈论话题的书籍，故意放在会被客人看到的书架上。

从书架也能看得出屋主的目标或工作态度

通过书架上摆放的书，我们可以了解对方设定的目标。

如果摆放与沟通技巧有关的书籍，表示这个人可能想成为人际关系专家；若摆放关于做事方法的书籍，表示此人可能想成为做事精明的人。

例如，"想以这样的观念做事"，"为了工作需要，所以目前正在研究这个主题"，等等，办公桌上通常摆放的是与工作相关的书籍。

就像这样，从书架或书桌上，可以看出此人所在意的话题，设定的目标，感兴趣的事物或是个人嗜好，等等。

也可以利用上司办公桌上的书作为交际手段

另外，我们也可以有效利用上司办公桌上摆放的书，作为交际手段。下面就让我简单为各位介绍吧。

首先，请先确认一下直属上司办公桌上的书。如果有的话，

作者的
自言自语

家里有书架的人一般来说都是喜欢读书的，而书架上的书则在一定程度上显示了他的阅读趣味，个人喜好。此外也可能会有与工作相关的书。下次当我们去别人家做客的时候一定要注意观察啊！

请暂时刻意避开与这本书有关的话题。

然后，自己在私底下读同一本书，但是不能被主管发现。

这样事前准备就完成了。接下来只需在与主管的对话中找到机会谈论该书的内容即可。

如果在谈论公事时，无意间说出该书的内容，主管就会感到佩服："你倒还满清楚的嘛！"这样主管对于你的评价也会因此而提高。

想得到主管好评的重点是，千万别让主管知道你偷偷看他桌上摆的书。若想做到这点，最重要的是事先不能提及跟该书有关的话题，也不能让主管知道或看到你正在阅读该书。

书架也能够用来当作展示工具

介绍各位一个处世之道的诀窍。

我的客户中，许多人会巧妙地运用书架作为展示自己的工具。

例如，某位日本投资家在客厅的书架上塞满了世界各国与经济、投资相关的外文书。这就是为了向来家里拜访的金融界朋友声明："我可是这么努力学习的专家呢！"

就算本人自称"其实完全没有看这些书，也无法阅读，只是装饰用的"，不过金融界的朋友就会误以为："哎呀，除了日文书之外，他也阅读海外与投资相关的书籍，而且还是能读原版书的专家呢。"而不敢随便推销只对卖方有利的金融产品。

锻炼方式·实践的重点
习惯联系对方的行为与阅读的书籍

一定要观察对方书架或书桌上的书，并且经常试着分析对方所主张的观点。

总之，要习惯将看到的所有书籍，与书本主人的行为、目标或是生活形态联系起来。

假设力 锻炼方式·实践的重点
谈及与书本相关的话题并进行验证

谈及与书本相关的话题，验证对方的行为、目标等是否与书本的主题一致。这么一来，两者就能够以近乎百分百的准确率达到一致。

不断重复这样的练习，就能提高假设力。

恕我冒昧来为各位做个总结

书架就是一个人
表现自己的地方

看到书架就可以看出一个人的想法或背景，同时也能看出这个人的主张。因此，若想要与对方建立人际关系，试着谈论与放在显眼处的书籍相关的话题。

原来如此，与客户或主管建立关系时，可以作为话题使用。

如果想提高在公司里他人对你的评价，也要反过来思考。也就是说，在自己的办公桌上，就算摆放书籍的主题不一致，也绝对不能摆放漫画或与自己兴趣有关的书。

从店家端出来的开水
推测料理的手艺

来，开水！

开水的味道，每家店都一样吧？

你的感觉真的很迟钝啊。每家店的开水味道大不相同哦。而且，正因为是开水，所以更能呈现出该店的品质。

免费供应的东西就不讲究质量，这种餐厅的料理也不会好吃

初次登门的餐厅不知道料理是否好吃，从餐厅服务生端出来的开水就知道了。

就算是被大家誉为高级餐厅的餐厅，如果直接给客人喝自来水，相信他们的料理味道一定比不上提供以净水器过滤，再滴上柠檬汁开水的餐厅。

开水是不用付钱而得到的额外服务。免费供应的东西偷工减料，表示这家店不重视细节。

即使使用好食材而且也讲究烹饪过程，但如果不在乎细节的话，端出来的餐点味道恐怕也只是普通而已。

连免费供应的东西都讲究，表示餐厅的运作游刃有余

我们只有坚持讲究细节，才能够给客户提供最好的服务。

例如，用客户的车接送客户到机场时，除了车内车外的清洁之外，连引擎盖里的引擎也要清洁干净。

并不是喜爱车的客户会检查引擎才这么做。正因为连看不到的地方都会彻底清洁，表示车内空间及车体的清洁已经做到完美无缺了。

作者的
自言自语

现在的服务业都注重提高服务水平，所以从店家提供的免费物品的品质，就很容易看出这家店的整体水平。结合一下我们自身的经历想一想，是不是如此呢？这样下次就可以仔细观察，进行思考了。

反过来说，没有清洁引擎，表示清洁人员没有多余的心思照顾到这个地方。也就是说，光是为了清洁车内与车体，就已经耗费了大部分的精力。

如果把餐厅的开水例子套用在车子的引擎清洁上，应该就能明白了吧。

没有心思照顾到开水质量，证明他们只能处理客户付费购买的料理。餐厅人员为了处理客户所需的餐点，就已经费尽所有的心力了。

另一方面，连开水都讲究的餐厅，会以七八成的力气端出美味料理。由于游刃有余，不仅开水，连湿毛巾或待客服务等不收费的部分，也会非常讲究。

名人爱光顾的店不会让客人等待

名人客户不仅讲究料理的质量，也会选择服务周到的餐厅。

怎么说呢？例如餐厅会巧妙地安排预约时间，让客人进入餐厅时不会遇到其他客人。这是最基本应该做到的安排。

甚至如果客人开车过来，餐厅员工代客停车时，会请其他员工引导客人到安排好的座位。就像这样，名人光顾的店家都会考虑周详，避免让客人等待。

作者的
自言自语

我们经常会遇到免费的东西质量很低劣的情况。从免费物品的品质就能看出店家的服务水平。有些店家提供的免费物品质量很好，那么这样的店家一般来说是值得信赖的。

观察力 锻炼方式·实践的重点

免费提供的商品及服务都要观察

通常我们都会注意付钱购买的东西或是主要的餐点，其实对于免费提供的东西也要有意识地观察。

前面举了餐厅的例子。除了餐厅之外，也可以注意拉面店、荞麦面店等店家免费提供的东西。

还有，除了开水之外，也要试着观察湿毛巾、纸巾、免洗筷等物品。

在活动会场或店面免费发送的公司小物品，如果仔细观察，就能够训练观察力。不要嫌这些东西拿了累赘就视而不见，尽量伸手拿一个观察看看吧。

还有，美容院或按摩店等提供的首次免费体验，也是同样的道理。

如此就可以明白从事义工活动时，同样是无偿提供服务，有人会努力工作，也有的人浑水摸鱼。

分析力 锻炼方式·实践的重点

比较并验证免费的部分与收费的部分

免费提供的东西体现了提供者或公司的品质。脑子里记着这点，习惯性地分析免费提供的物品或服务吧。

如果开水不好喝，湿毛巾有味道，免洗筷质量差而且拉开会变形……就可以推测这种店家提供的餐点一定不怎么样，然后试吃看看吧。

总之，检视免费提供的物品与料理的味道是否具有相关性。

讲究免费提供物品的店家，通常都能做出美味的料理。

同样地，也试着去体验美容院或按摩店提供的首次免费服务吧。如果免费体验不怎么样，可以推测就算付钱也不会有太好的服务。

可能有人会认为，就算免费的部分做得不到位，不代表付钱的部分也做不好。可是，你有没有想过，连免费提供的部分都不能花心思做好的人或店家，难道付了钱就一定会把工作做好吗？

重复验证上述的这些推测，相信分析力将会不断提升。

恕我冒昧来为各位做个总结

免费的东西代表
提供者或公司的精神

我们很容易把注意力放在付费的部分。其实如果注意免费的部分，就能看出提供商品／服务者或公司的品质。平常就养成观察免费物品的习惯吧！

就算是高级料理店也有不足的地方呢。

比起注意价格，观察店家提供什么样的免费商品或服务，更能够准确看出店家的品质吧。

看宠物狗大概就能知道
主人的性格

有狗性格的人是什么样的人?

你又在说蠢话了。不是饲主有狗的性格,而是狗的性格会跟主人很像!

不同宠物和主人性格之间的关系

选择什么样的宠物来饲养往往和一个人的性格有着千丝万缕的联系。不同种类的宠物自身的特点也往往和其主人有着相通之处。那么让我们看一下饲养不同宠物的人会有什么样的性格特点吧!

饲养另类宠物(例如蜥蜴)的人,往往显得有些特立独行,不太在意别人的看法,所以他们的性格里会有一些乐于接受新事物、心态超然的特质。又比如养蜘蛛的人,蜘蛛是一种具有攻击性的动物,养这类宠物的人内心也具有一定的攻击性,他们的这种潜在个性也就通过饲养特定类型的宠物表达出来。养凶猛类型的宠物(例如藏獒)的人,一般脾气较为暴躁,性格很刚烈,仔细想想就知道,饲养藏獒的人大多是彪形大汉。

再说说我们常见的宠物。养鸟的人一般比较渴望自由,但是在选择自由与现实生活之间,他们又会显得很纠结矛盾。养鱼的人性格比较沉稳内敛,喜欢有自己的私人空间,在表达自己感情的时候也会比较含蓄。养猫的人性格中有一种慵懒的特质,内心渴望受到别人的关爱,因而性格会偏内向一些,与人交往时也会显得有些冷淡。养狗的人一般热情开朗更喜欢社会交往,喜欢与人合作。

作者的
自言自语

认真想一想,宠物的特性是不是真的和主人的性格有一定关系呢?结合一下自己的经历想一想,是不是性格比较温和的宠物,它们的主人一般也性格温且有礼貌易相处呢?

以上是饲养不同种类宠物的人的性格。下面我们着重讨论一下宠物狗与其主人的关系，这也是我们本章所观察讨论的重点。

从宠物狗的品种看主人的性格

整天陪在身边的人会越来越像，饲养的狗也有相同情况。狗与饲主长时间共同生活之后，自然就会越来越像主人。

因此，看到狗的模样，某种程度也猜得出饲主的性格或家族的性格。

若是温驯黏人的狗，饲主家庭的人大概都是温厚老实的人。若是胡乱吠叫的狗，表示饲主家可能有人个性激烈，或者根本就是一个吵闹的家族。

还有，从狗的品种也大概可以了解饲主的性格。

例如，饲养杜宾犬的人比较具有攻击性、贪婪且具有积极性格。反过来说，我至今尚未遇见老实敦厚的杜宾犬饲主呢！

名人饲养的狗较为世故

我的名人客户中有许多人都养狗。

作者的
自言自语

在一定程度上，人也是环境造就的产物。不同的环境、身边不同的人都在潜移默化中影响我们的行为习惯和性格。所以从这一方面也可以看出一个人的职业和他的工作风格。

名人饲养的狗大体上都很"油条"。为什么呢？这是因为名人家中人来人往，狗太习惯与不同人相处了。还有，无论喜欢与否，都习惯被人宠爱，可能也是原因之一吧。

因此，若是看到有人从外面进来，一般的狗会兴奋地凑上前去，而名人的狗只会抬头看一眼，态度非常冷淡。

名人的小孩一般也会表现出这种冷淡的态度。

像总经理的小孩儿这种出身在上层家庭的小孩儿，与名人养的狗一样，很容易获得他人的奉承与溺爱。身边的人动不动就会把他们捧上天，天天"少爷""小姐"地叫，所以他们待人的态度往往比较冷淡。

中小企业的员工容易受总经理影响

我们经常说看下属就能了解主管。其实，在日本的中小企业中，特别容易看到同一家公司的员工在某些部分非常类似的情况。

日本的中小企业不太有员工变动的情况。只要不离职，几年、几十年都会一起在同一个工作场所工作，所以很容易受到公司同事的影响。

其实，与长年在中小企业工作的员工见面后，再与其主管或总经理见面时，也会发现大家都有类似的性格。

就像这样，从总经理到员工，大家的性格、态度、说话语气或是思考方式等都非常类似，这也就是所谓的"公司文化"。

观察对象要避开夫妻

　　本单元是以宠物狗为讨论重点，不过观察对象就算不是狗也没关系，也可以观察公司的主管与下属的关系，或是朋友、同学、长期交往的情人，等等，各种关系都可以是观察对象。

　　只是，有一种组合不能作为观察对象，请避开。

　　不能成为观察对象的就是男女之间的关系，例如夫妻关系。

　　有种说法是夫妻相处久了就会变得很像。不过实际上有许多夫妻就算长年相处也不太像。

　　或许是因为男女差异所形成的不同。基本上不曾见过男女双方同时喋喋不休的案例。

　　如果夫妻一方很啰唆，另一方的性格通常比较沉稳或温驯。

　　夫妻之间常常很容易具有相同价值观或生活模式，不过性格方面通常是互补关系。由于性格互补，所以能够取得平衡，这样才能维持良好的夫妻关系吧。

　　因此，夫妻关系无法训练观察力。不过，若是同性朋友的组合，大致上都会看到这样的观察结果。

　　最快的方法就是观察身边最亲近的人，与自己的性格或态度之差异。

　　或者反过来找寻双方的相同点，也能够训练观察力。

恕我冒昧来为各位做个总结

场景
024

看宠物狗大概就能知道主人的性格

同类相聚，
还有，同类相似

亲子之间相像，很大原因可能是遗传的影响。不过，与亲人、同事长久相处的话，由于受到对方的影响，所以性格、态度、说话语气等，也会变得越来越像。

我爸在老家开了一家小工厂，总觉得工厂员工的说话方式跟我爸非常相像。

如果试着回想，或许确实如此。不过，最好还是实际观察，这对提升观察技巧较有帮助。

名人的奇怪要求 2

我想从别墅看海，砍掉国有林

找出想砍掉国有林的真正理由

本书第 27 场景将会提到，必须不断询问自己"为什么""为什么""为什么"。在工作上如果没有养成习惯问"为什么""为什么""为什么"，有时候就会发生无法挽救的事。

这是有关某位名人的故事。这位名人的别墅前面有一片国有林地。有一天，他突然吩咐："把前面那片树林砍掉！"

如果这时遵从主人的吩咐："是的，马上办。"这是非常简单的。但是当时我多问了一句："为什么想砍掉树木呢？"结果主人说："如果把那边的树木砍掉，看出去的景色就会不一样。"我又问："为什么希望改变看出去的景色呢？"主人说："如果没有那些树木挡住，从这个别墅就可以直接看到海。"

两层楼增建为四层楼解决问题

如果依照主人的吩咐，提出申请书要求政府来砍树，可能也是没问题的。不过对于别墅而言，那片树林具有防护林的功用。而且仔细询问之下又了解，只要能看到海，从别墅哪个位置看都无所谓。

因此，我提出建议："现在这间别墅是两层楼，如果增建为四层楼呢？"主人说："这方法不错。"于是立刻决定采取这个方案。

名人解决问题的方式和一般人真是不一样啊！

第 4 章

在家中锻炼
"观察力"

（假设力）

如果站在否定自己的立场
就会看出对方真正的想法

明明是开玩笑……

我暂时回老家一趟 爸爸

如果我不在的话，老师会很困扰吧？老师，请您回答"是"。

（其实完全不会……）啊，是、是没错。不过，其实自己本身通常都没有自己想的那么重要。

就算自己不在，对方也不会感到困扰

否定自己的立场，就是建立"如果自己不在"的假设。

例如夫妻关系，就是思考"如果自己不在这个家了，家人会变得如何"，然后也许会发现："咦？就算自己不在，枕边人也不会感到困扰。"

就算自己不在，枕边人也不会感到困扰，这意味着自己对于对方而言毫无贡献。

由于一直待在身边，所以很容易对家人的存在感觉麻痹。不过其实也可能是因为自己对家庭的贡献度几乎是零，或是自己的态度傲慢等，导致家人因此而离开。

"自己没有拿钱回家，薪水都拿去喝酒了。如果从老婆的角度来看的话，就算她找别的男人也是正常的吧。"若站在否定自己的角度看待自己的话，就会像这样客观地了解现状。

就像这样，试着站在否定自己的立场来看待自己，就会了解从对方的角度所看到的自己。

没想到自己请假，公司仍旧照常运作

不仅是家庭，在公司也是一样。试着否定自己，就会了解自己的贡献度与存在价值。

作者的
自言自语

很多时候我们思考问题都是站在自己的立场上。试着换一个立场，站在别人的立场，想一想自己对于工作、对于家人，有没有做出真正的贡献呢？是否是一个称职的员工？对家庭有没有尽到义务呢？

若是在公司的话，有时候不用想象，就能够切实感受到自己实际的存在价值。

例如，自认为"如果自己不在，这家公司就经营不下去"，结果因为生病或受伤请假，没想到公司还是运作得好好的。这样的例子时有所闻。

从正面来想，这也算是公司同事积极支持的结果。不过这种情况通常会被解读为自己的贡献度很低吧？

要思考自己的存在价值

我们也会经常思考"如果我不在的话，老板应该会很伤脑筋吧"。万一老板没有特别感到困扰，也可以判断我的存在价值是零，所以要设法突显自己的存在价值。

还有，在签订合约之前的洽谈中，有的人会以降价的方式争取合约。其实这是否定自己的做法。

总之，要试着在脑中想象："如果我没有接受这项合约，客户会有多伤脑筋？"

如果我认为自己拒绝这份合约，对方就会找别家公司，那么就要考虑降价争取。但如果除了我之外，没有别人能够胜任这份工作的话，就要请客户维持目前的价格签约。

作者的
自言自语

对于"假如自己不在"这样的假设我们不妨多进行训练。从中就能看出我们自身对于别人到底有多大的价值了。高估自己或者低估自己都是不对的做法，重要的是要客观地看待自己。

以我的工作为例，如果只是打扫、洗衣、煮菜等家事服务，有许多家事服务机构可以挑选，所以不降价就无法得到这份工作。

如果除了家事服务外，还需要秘书兼司机，甚至需要具备开游艇的技能，这些都是非找我们不可的工作，自然没有降价的必要。要以这样的角度来判断。

假设力 锻炼方式·实践的重点
不可给自己过高的评价

"假如自己不在"这种假设，不仅可以套用在家庭中，也可以套用在工作或公司外部等各种情况。请不断地尝试看看吧。

实践的重点是不要害怕否定自我。如果以"他们该不会真的不要我"为前提开始思考的话，就无法客观地建立假设。万一真的得出"真的不需要我"的结论，只要修正自己的态度就好了。

还有，给自己宽松的评估、过高的评价等都是错误的做法。重要的是从俯瞰的角度看待自己。

恕我冒昧来为各位做个总结

对方不觉得你有
你自己想的那么重要

没想到身边的人并没有把你当成依靠。就算你认为自己能够做出很厉害的事情，其实你也只是一般人而已。正因为如此，一定要经常照顾家人、同事或是客户，让自己成为不可或缺的人。

这不仅能够训练观察技巧，也能够客观地评价自己。

客观地评价自己。若发现自己在对于家人或公司没有贡献，就要加以改善，最后一定会成为真正重要的人物的。

针对今晚想吃的东西多加询问，就会了解对方的背景

……针对想吃的东西提出问题？我不知道该问什么问题啊！

如果想破头也想不出来的话，就试着把自己当成对方也是一个方法哦。

从各个角度问出对方想吃的理由

每个家庭到了傍晚经常会出现这样的问题。

"晚上想吃什么？"

假设对方回答"煎饺"。"好，我知道了。"如果是这样的对谈，那就只能知道对方想吃煎饺。

如果反问对方为什么想吃煎饺："看到电视播放饺子的广告，所以想吃。"这样就知道理由了。

接着再换不同角度询问："为什么是煎饺而不是蒸饺或水饺呢？"对方可能会回答："白天吃得比较清淡，所以晚上想吃口味重的。"

就像这样，即便是晚餐的一道菜，通过各种不同角度的询问之后，就会了解对方的选择原因或价值观。

所谓从各种不同角度询问就是了解对方的背景。例如，为什么对方会说出"想吃煎饺"这种话？以前是处于什么样的环境所以会想吃煎饺？

不仅是晚饭的一道菜，如果针对一件事从各种角度不断询问的话，最后就能看出该问什么问题，甚至能看到对方的本质，也会明白什么样的提问方式能够得到接近本质的信息。

这样的练习有助于提升自己的分析能力。

作者的
自言自语

可能这种不断追问的机会会比较少，不过，就算双方握手，也能够了解对方的心理状态。当对方握手的力道强劲有力，表示对方精力旺盛。反之，如果握手时柔弱无力，表示对方不想加强双方的联系，或者单纯只是疲劳而已。

成功的员工一定会提问

我们为客户做事不是只听从客户的指示就好了。运用"直觉"，了解客户内心真正的想法非常重要。

例如，客户说"想吃寿司"时，我们就要从各个角度提问，例如，"肚子饿了吗？""想吃日式料理？"这才是正确的做法。

如果询问的结果是"因为肚子好饿，想马上吃到"，那么比起远处知名的寿司店，或许附近的回转寿司更能让客户开心呢。

如果客户回答"因为在国外待太久了，很想悠闲地品尝久没吃到的日式料理"，那么在日式料理店的包厢里悠闲地用餐，可能比较能够让客户满意。

客户内心真正的想法是什么？了解客户的想法再行动，这样才能够提供更完美的服务。

实际上，与服务水平相比，擅长沟通、经常提问的员工所获得的评价更高。

提问减少 = "直觉"变得敏锐

无论在家庭或职场都一样，对于任何事情都要习惯提问。如果不断训练，以前要问十个问题才能看到事情的核心，最后只

> 作者的
> 自言自语
>
> 白手起家的名人也很擅长握手。对于久未见面的下属或平常连话都没说过的新人，他们也会边握手边说："喂，最近好吗？"通过握手来抓住下属的心。我有深刻体验，一旦抓住人的心，也就能够抓住成功。

需问两三个问题就能明白了。

这是因为逐渐了解对方的思考方式，只需几个问题就能够切中核心。反过来说，问题变少，表示已经培养出了较强的观察技巧。

长年相处的夫妇，就算什么都没说也能够互相明白，这是因为双方已经锻炼出敏锐的"直觉"了。

分析力 锻炼方式·实践的重点
清楚告知是为对方着想才会提问

若想看透对方的内心，一开始会问十个或二十个问题。这样可能会让对方觉得"这家伙真烦"。

因此，必须让对方不感觉厌烦地频繁提问。

不让对方感觉厌烦频繁提问的重点，就是坦白说出自己感到疑惑的地方。然后让对方知道，自己始终是为对方着想的，为了想更深入了解所以才会这样提问。

另外，还不习惯提问却一下子要问陌生人一堆问题，这样也很容易造成麻烦。所以请先通过家人、伴侣或是不会在意的朋友练习，学会巧妙地提问。

还有一个重点是，改变立场提问。

例如，当对方说"想吃煎饺"时，你可以从不同的角度提问："你上次请好朋友吃煎饺是什么时候？"

站在他人的立场，就能自然地从不同角度提问，这样就容易分析核心之所在。

确认对方的反应，同时掌握其思考模式

频繁提问并得到可能是接近核心的答案后，就试着实际采取行动吧。行动后一定要确认对方的反应。

就像这样，频繁提问→得到接近核心的答案→执行→确认对方满意 / 不满意，通过反复的练习，掌握对方的思考模式，就能够提升假设力。

恕我冒昧来为各位做个总结

能够频繁提问的人，
分析力也会提升

无论接到什么指令都回答"我知道了"，乍看是好的，其实并非如此。因为这样做无法掌握对方真正的想法。不要害羞，越是不断提问，越能够锻炼分析力，才能成为有能力的人。

我都是听话照做啊！

听话照做，任何人都做得到。提问并贴近问题的核心之后，才能够采取真正让对方满意的行动。

分析力　 假设力

不断问"为什么""为什么""为什么"，找出真正想吃的理由

一直问"为什么""为什么""为什么"，这样好像小学生问个不停。

不要小看频繁提问的效果哦。因为单是反复提问，就能锻炼出卓越的分析力。

不断问"为什么"，以找出真正的动机

第 26 场景中提到从各种角度提问，以掌握对方的思考模式。

同样的，不停询问对方"为什么""为什么""为什么"的提问方法，对于锻炼分析力也非常有用。

例如，对方说晚餐想吃煎饺。

第一次的"为什么"："为什么想吃煎饺？"→"因为看到电视播放的饺子广告。"

第二次的"为什么"："你也看了其他的电视广告了，为什么只对煎饺有感觉？"→"因为白天吃得比较清淡，所以晚上想吃口味重的。"

第三次的"为什么"："为什么口味重等于煎饺呢？"→回答："因为在贫穷的学生时代，口味重的东西只吃得起一盘十几元的煎饺。"

——就像这样，如果不断重复问"为什么"，就能够挖掘出对方思考的深层部分，也就会明白对方的思考逻辑。

第 26 场景的多角度询问法，是掌握对方发言背景并迫近核心的方法。而不断重复问"为什么"，则是挖掘说出此话的理由以接近本质的做法，也就是了解对方的思考核心。

作者的
自言自语

我们在不断深入追问的时候就能逐渐接近真正的原因。但是我们要注意提问的方式，不能直白地问，这样会让人感到厌烦，同时也要进行自己的推断，通过这样的方法来锻炼我们的分析力。

养成反问的习惯也会得到好处

在一般的家庭中应该经常会出现这样的对话。

"这周末有空吗？"

"要工作。"

这样的回话完全无法了解对方询问的意图。

这时候如果反问："我要工作，为什么要问我的时间安排呢？"对方就会回答："如果你有空的话，想请你陪我去百货公司。"

更进一步询问对方为什么想去百货公司，对方回答："月底要参加婚礼，想买件适合参加婚礼的衣服。"这样就能知道对方问这个问题的真正目的了。

题外话，如果养成"为什么"的反问习惯，有时候也会得到好处。

举例来说，在银行解除定存，有时候银行行员会问："这笔钱要用在什么地方？"这时，请试着委婉地反问对方："为什么要问这个呢？"搞不好就有机会得到有利的投资讯息。例如，"其实银行最近推出定期存款的优惠利率方案，我建议您可以以新的优惠方案继续定存。"

凡事要多想多问，我们通过反问就可以进一步了解别人的内心。同时我们也可以通过反问，与别人进行更多的沟通。这种做法也能给我们带来很多意想不到的结果。

了解主人真正的需求并预先行动，才是成功的执事

如果没有反问，只回答"要支付房子的订金"，"要支付车贷的首付款"，对方也只能回答"这样啊"，然后结束对话。这么一来就可能错失投资良机。

了解名人内心才能赢得他们的信赖

我们会教导新人，就算是从事服务工作，如果客户交办事情，也一定要问三次"为什么"，因为这样才能了解客户内心的真正想法。

例如，假设客户要你拿铲子来。一个成功的员工就会问："为什么需要铲子？"

于是客户可能就会透露："因为要挖掘埋在花园里的宝物。"若是这样的话，你就可以建议"使用挖掘机来挖比较快吧"，或是"要不要找十个人来帮忙挖"。

比起听话照做乖乖地去拿铲子的员工，我们的名人客户更信赖了解客户内心，帮忙安排挖掘机的员工。"你真是了解我呀！"

分析力 锻炼方式·实践的重点
习惯性地切实掌握问话的目的

对方的提问总是一定有目的。

养成切实掌握问话目的的习惯，将会提高分析力。

另外，如果过度频繁地问"为什么""为什么""为什么"，会让人觉得厌烦，所以绕个圈子提问非常重要。例如，"原来如此。我明白您说的，不过为什么……"像这样委婉提问。

假设力 锻炼方式·实践的重点
掌握对方思考模式，锻炼假设力

和第26场景提到的从各种角度提问的方法一样，反复问"为什么""为什么""为什么"→得到接近核心的答案→执行→确认对方满意/不满意，通过这样的重复过程，掌握对方的思考模式，将有助于锻炼假设力。

恕我冒昧来为各位做个总结

对方的提问
一定有其意义

问题的背后一定隐藏着对方的真正目的。内心经常抱持着这样的认知，习惯性地针对问题反问"为什么"，如此就能够了解对方真正的目的。

若想要了解对方真正的目的，就要不断重复问"为什么"。

习惯利用"为什么"，挖掘出对方没有说出口的真正目的，这样也能提高分析力。

假设力

不要读太多书

像我这样，一本书也不读最好……不是这样吧？

当然，你的情况不值得一提！这里说"不要读太多"，指的是"如果囫囵吞枣，读再多也不会吸收"的意思。

深入阅读增强理解力

本节我们要通过读书来锻炼我们的假设力。对一件事情的预判离不开我们的假设力，而进行假设的前提是你已经对书中的内容有一定程度的理解。在此为我们提供两种方法，一种是增强理解能力，一种是总结假设模式。下面介绍第一种，我们如何在阅读中不断提高理解能力。

当我们阅读一本书的时候，我们就是在同作者进行沟通对话，是否能够成功阅读一本书，将取决于我们从作者那里获得了多少他想要传达的信息。同样是文字写成的书，每个人的理解能力是不同的。

一方是文字写成的书，一方是我们的大脑。当我们在阅读的时候，对于作者表达的内容，会有两种情况：一是清楚作者的话，一是不清楚作者的话。如果清楚的话说明你获得了信息，但你的理解能力未必增强了。假如这本书的内容你都明白的话，那么说明你和作者的想法在这方面是基本相同的。只是作者将这些内容通过文字传达出来了而已。

第二种情况，你并不是很清楚这本书要传达的信息。假设很多时候我们并不是很清楚作者所要传达的信息，其程度超出了我们所了解的范围，那么我们就可以说这本书包含了能够增强我

作者的
自言自语

我们倡导不要读太多的书，目的就在于集中我们的注意力。把分散的注意力集中起来，这样才能进行思考，学到书中的知识。同时，使用模式阅读的方法，能够在脑中不断强化这种模式，从而快速掌握书的内容。

们理解能力的东西。当我们遇到这样的书的时候，一方面我们会请教别人，另一方面我们也可以将它抛诸脑后置之不理。这样的阅读效果不是我们所想要的最佳效果。我们需要的是真正深入地阅读。

那么何谓深入地阅读？就是在没有外界帮助的情况下，我们自己阅读这本书，凭借着我们自己的力量，阅读这本书中的文字，一点点地提升自己。从模糊的概念到清晰的理解，这样的提升才是在阅读中获得的一种更高的阅读技巧。这种阅读方式就是让一本书向我们的现有理解力做挑战。

阅读是一种学习，获得信息是一种学习。同样地，对我们以前不理解的事开始理解了，也是一种学习。但这样两种学习却有一些不同之处。当然你也可以既记得作者所说的话，同时也能理解他话中的含义。重点在于我们不能止于吸收资讯，随时要明确这一点。不断提高理解能力才是我们阅读的最终目标。

如果你觉得这样的阅读方式对于假设力的锻炼过于缓慢的话，我们还可以使用模式阅读法，通过记住固定的模式来训练假设力。

囫囵吞枣读再多书也不会吸收

大部分人认为，如果读很多书应该就会拥有许多知识。

掌握一种能力最关键的方法就是重复。不断重复你就会越来越熟练。我们读书也是如此，对于自己比较重要的书就要重复地读。书读百遍，其义自现。这个过程也锻炼了我们的耐心。

不过，读越多书越不会吸收，反而容易浪费时间与金钱。

知识要先吸收之后，才能够成为可利用的工具。

简单来说，就像是九九乘法表一样。若想灵活运用九九乘法表，就要反复不断地背诵。

写在书本里的知识也是一样的道理，如果只读过一回，就算知道大纲，也无法理解透彻到能够成为自己脑中的知识。

另外，从训练假设力的角度来看，只读过一回是没有效果的。

怎么说呢？因为假设力是通过记住"模式"而锻炼出来的。这里所谓的模式就是"若 A 则 B""若 C 则 D"，这种具有规则性的东西。也就是展开故事情节的模式。

例如，"那个人说绝对不行的时候，后面再推他一把，就一定会变成 OK"，"如果那位客户在洽谈时迟到，表示自己的重要性降低，甚至连业绩都会减少"。像这样推演故事发生的情节。

模式记得越清楚，越容易在脑中建立正确的假设，也就提高了假设力。

若不习惯运用假设力则无法彻底学会

其实所谓的模式种类并没有很多，顶多也只有 20 ~ 30 种而已。

简单来说，就像是记住英文语法一样。学会几种模式之后，剩下的就是改变单词的排列组合而已。

因此，尽量记住 20 ~ 30 种模式，对寸培养假设力非常重要。

不过，在还没记住模式之前，如果一本书接着一本书阅读的话，将什么都学不会。

所以，应该不是读很多本书，而是从一本书当中发现某个假设模式，不断重复阅读这本书，直到学会这个模式为止。要看下一本书的话，等掌握这本书所呈现的假设模式之后再开始吧。

观察力或分析力基本上都一样。不过，假设力的练习特别重要。如果没有养成习惯锻炼假设力，就绝对无法学会假设力。

假设力 锻炼方式·实践的重点
从经典名著开始阅读

"就是这本！"如果看到这样的好书，请至少要阅读 3 ~ 5 遍。每阅读一遍，应该都会有新发现。

那么，应该挑选什么书来读呢？建议可以找各种书籍的最根本来源阅读。

所谓最根本的来源，多半是所谓的经典名著。总之，就是记载已经确定之理论的书籍。

其实，最近出版的商业书籍都只是以简单易懂的说法，重新诠释几年或几十年前就已经被确立的理论。也有许多书籍只是以现代风格重新编排而已。

如果想要记住模式，与其阅读以不同说法诠释的枝端末节，不如阅读"经典"著作，更容易萃取出真正的精华。建议可以从这类书籍找起。

以下提供读者参考。我的客户中，有些公司经营者最常阅读的就是被称为日本经营之神松下幸之助的著作。有的人不仅阅读书籍，连演讲录音也重复听好几遍呢！

恕我冒昧来为各位做个总结

本书看五遍以上，
也能够锻炼观察力

若想要训练假设力，必须将训练变成习惯才行。练习并成为习惯，并付诸行动，这样才能成为大家认同的善于观察的人。因此，请先将本书阅读五遍以上吧！

如果不用看很多书的话，那我好像也办得到啊。

不过别忘了，光看书是不够的。要习惯看很多遍并且付诸行动，这样做甚至能够改变人的一生。

图书在版编目（CIP）数据

你看了，但你没看见 ／（日）新井直之著；陈美瑛译．
—— 北京 ：北京联合出版公司，2016.5
ISBN 978-7-5502-7625-3

Ⅰ．①你… Ⅱ．①新… ②陈… Ⅲ．①成功心理－通
俗读物 Ⅳ．① B848.4-49

中国版本图书馆 CIP 数据核字 (2016) 第 087082 号
北京市版权局著作权合同登记图字：01-2016-2669

SHITSUJI GA OSHIERU AITE NO KIMOCHI WO SASSURU GIJUTSU
Edited by CHUKEI PUBLISHING
Copyright©2013 Naoyuki Arai
First published in Japan in 2013 by KADOKAWA CORPORATION,Tokyo.
Simplified Chinese translation rights arranged with KADOKAWA CORPORATION,Tokyo
through CREEK & RIVER Co., Ltd.
本书译稿由城邦文化事业股份有限公司 商周出版授权出版

你看了，但你没看见

项目策划　紫图图书ZITO®
监　　制　黄　利　万　夏
丛书主编　郎世溟

作　　者　［日］新井直之
译　　者　陈美瑛
责任编辑　牛炜征
特约编辑　宣佳丽　何春燕　魏　强
装帧设计　紫图图书ZITO®

北京联合出版公司出版
（北京市西城区德外大街 83 号楼 9 层　100088）
北京鹏润伟业印刷有限公司印刷　新华书店经销
151 千字　880 毫米 ×1230 毫米　1/32　6.75 印张
2016 年 5 月第 1 版　2016 年 9 月第 2 次印刷
ISBN 978-7-5502-7625-3
定价：39.90 元